JN067946

社会を変える学校、学校を変える社会

工藤勇一　横浜創英中学・高等学校長
植松努　植松電機 代表取締役

時事通信社

社会を変える学校、
学校を変える社会

はじめに

本書は、僕が千代田区立麹町中学校の校長をしていた頃に出会った、植松電機の植松努社長との対談本です。

植松さんは、会った方なら誰でも分かると思いますが、心温かで親しみやすく、ちょっとお茶目なところもある、とても魅力的な方です。

また、植松さんは、これまで出会ってきた経営者の方々とはかなり異質な経営感覚をお持ちで、植松電機では「ベーシックインカム」の考え方に基づいて、社員の給料を決定したり、普通の会社にあるような「課長」や「部長」といった役職もありません。これらは、急激に変化する社会に合わなくなってきた既成概念や社会システムに対する問題提起のようにも僕には感じられます。

植松さんご自身の生き方にもたくさんのことを気づかされます。僕たちが子どもの頃に夢中になったような、プラモデル作りやアニメ鑑賞やサバイバルゲームなどを、大人になった今でも自然体で楽しんでいます。その姿を見ると、僕自身、子どもの頃は工作が好きだったことや、いろんな好奇心や楽しみを「教師らしさ」を理由に諦めたり、捨ててきてしまったのかなあと今さらながらに思わされます。

昨年、ずっと行きたかった北海道赤平市にある植松電機を訪問しました。植松電気には世界中から研究者やメーカーの人たちが訪れます。世界に三つしかない無重力実験装置や、さまざまな「ここにしかないもの」を植松さんが作ってきたからです。

植松さんがお父さんと2人だけで始めた会社は、今や、若くて意欲と活力ある社員が集まって、日本の名だたる企業からも注目を浴びて、大手企業の社員研修で植松電機を訪問するということもあるようです。新しい時代の会社づくり、人材育成の観点でも注目されています。

植松さんは、時代の変化にも敏感です。今でこそ、人口増加時代と人口減少時代の考え方の違い、その変化が意味するところは世の中でもずいぶん語られるようになってきましたが、植松さんは以前から、人口増加と減少のグラフを用いて、日本の社会の問題点を指摘してきました。僕も、講演では植松さんから教えてもらったそのグラフを、今の時代を説明するためによく使わせてもらっています。本書では人口増加・人口減少時代が意味することも存分に語り合いました。

僕たちはいまだに人口増加期の考え方や文化を引きずってしまっています。これまでのやり方では、この先、通用しない社会が待っています。今こそ、さまざまな視点から構造改革を行っていかねばなりません。しかし、そうしたことを行おうとすればするほど、既得権益を守ろうとする人々や延命作業を求める人々との対立は大きくなっていくことは明らかでしょう。それでも、未来の誰一人取り残さない社会を実現するためには僕らは努力し続けなければなりません。そのためには一人一人が社会の当事者になる必要があります。いつも誰かに期待し、うまくいかなければその人を批判する。そんな大人たちばかりでは到底改革はできません。対立から逃げずに、対話し、合意し、改革の痛みを覚悟できる社会に成長しなければなりません。

僕は、若い頃から「学校が変われば社会が変わる」という思いで教員をしてきましたが、現在はその思いは確信といえるほど強いものになっています。もちろん、そんな僕に変えてくれたのは麹町中や横浜創英中高をはじめとした多くの子どもたちや保護者、そして教員たちです。

よりよい社会を創るために、学校と社会は何をしなくてはいけないか、どのようにアップデートしていかなくてはならないかを植松さんにインタビューをさせていただくような思いで、対話させていただきました。

本書が、読者の皆さんの考えるきっかけになってもらえたら、とても嬉しいです。

2024年2月

工藤　勇一

はじめに 002

第1章 なぜ学校と社会は変わらないといけないのか 011

・初めて出会ったきっかけ 013
・みんなが当事者となる学校 015
・麹町中学校で導入した「自律」のための取り組みの一例 017
・高卒文系の社員を採用する理由 026
・違うと必要とされる 033

第2章

社会が直面している課題
―人口減少社会の意味

―人口減少社会の意味 039

・急激な人口増加と人口減少の影響 040
・社会全体で考えなくてはいけないこと 046
・研究開発と研究費の問題 063
・ギャラリー教育、モニター教育 069
・してもらう幸せ、する幸せ 074
・植松電機のベーシックインカム 078

第3章

子どもを育てる
——その子らしさを活かす 087

・色とりどりの子どもたち 088
・子どもの興味関心を学びにつなげたい 095
・雑談が弾む、優しい人を育てたい 100
・子どもの「好き」は研究開発のもと 104

第4章 社会を変えていく学校
―上手に失敗できる場所に

113
・子どもの人権を守る環境 114
・学校は理不尽の解決を教える場所 119
・法律は時代とともに変えるもの 126
・失敗を上手に乗り越える 130
・エナジーバンパイアにご用心 138

第5章 これからの学校と社会 141
・「好き」は人生のパワーになる 143
・学校で何をどう学ぶのかをアップデートしていく 148
・本当の個別最適化を実現する 155
・教育こそが社会を変える一番の近道 160
おわりに 166

第1章

なぜ学校と社会は変わらないといけないのか

植松　工藤さんとはこれまで何度もお会いしていますが、こうして対談本という形でご一緒するのは初めてですね。

工藤　そうですね。いつもはプライベートでも食事をご一緒するなどお付き合いさせてもらっているので、こんな風にかしこまって対談するのはちょっと照れくさいです。よろしくお願いします。本書では、今の学校や社会のどこに問題点があり、それをどのように変えていけばよいかを植松さんと話し合えればと思っています。インタビューをさせていただくような気持ちで対談させてもらえればとも思っています。

植松　こちらこそ、よろしくお願いします。そもそも僕が工藤さんに最初に会ったのは、2020年の年明け、ロケット教室開催のために東京・千代田区立麴町中学校へお伺いした日でしたね。

工藤　はい、そうでした。2020年1月10日です。植松さんが麴町中で講演してくださり、その後、子どもたちと一緒にロケットを飛ばすということで、とても楽しみにしていました。植松さんのことは、たまたま書店で手に取った『空想教室』(サンクチュアリ出版)で知り、それをきっかけにTEDでの植松さんのスピーチの動画をYouTubeで拝見し、素敵なお話をしていることに感銘を受けて、そのことを全校講話で生徒に話したりしていました。

植松　ありがとうございます。僕も工藤さんが出演しているテレビ番組を初めて観た時に「すごい人がいるもんだな」と感心して観ていました。

「初めて出会ったきっかけ」

工藤　植松さんとつながったきっかけの日のことはよく覚えています。確か休校日だったと思うのですが、どうしても対応しなければならない案件があったので麹町中の校長室で仕事をしていたところ、警備の方から「校長先生、お客様がいらっしゃっています」と連絡があったんです。そんな約束はしていなかったはずだと不思議に思いながらも中にお通ししました。アポなしで突然集団で来られて、とても困惑したのですが、わざわざ僕に会いに遠くから来てくれた方もいるとのことで、ひとまずお話を聞くことにしました。

その日は本当に忙しかったので、「困ったな、早く話を終わらせなきゃ」と実は心の中で思いながらお話を聞いていたんです（笑）。すると、話の中で、「私たち、植松さんという方を応援しているんです」と、急に植松さんの名前が出たんです。ビックリして僕は思わず、「植松さんってあの植松電機の植松社長ですか？」と聞き返しました。すると、「はい、そうです」と。それで、そこからトントン拍子に話が進み、麹町中で植松さんに講演をしていただき、その後、運動場でロケットを打ち上げることになったんですよね。

植松さんと出会うきっかけになった出来事だったので、偶然が重なったあの日のことは忘れられません。

植松　そうでしたか。そんなことがあったとは（笑）。これもご縁ですね。

工藤　はい、ご縁にものすごく感謝です。

「みんなが当事者となる学校」

植松　工藤さんはこれまで時代の変化を敏感に感じながら教育をアップデートしてこられたので、今、学校教育を根本から大きく変えなくてはいけない時期であると、肌感覚でよく分かっていると思います。2021年4月から、神奈川県横浜市にある横浜創英中学・高等学校で校長をされていますが、以前、校長をされていた、東京・千代田区立麹町中学校でこれまでの学校教育の「当たり前」をやめて話題になりました。これはとても画期的なことでしたね。

工藤　そうですね。植松さんは、そのあたりもよくご存じですが、僕のことをよく知らない読者のために、少しだけ自己紹介させてください。

僕は2020年3月に麹町中学校を定年で退職し、同年4月から横浜創英中学・高等学校の校長を務めています。麹町中で6年間、校長を務めたのですが、あらゆる機会を捉えて、教職員や保護者、生徒が当事者となる学校を目指してきました。どんな時にもできるだけ多くの人たちを巻き込みながら、教育をアップデートしてきたつもりです。

さまざまなメディアでその取り組みの一部が取り上げられるようになってからは、「学級担任制の廃止」「中間・期末テストの廃止」といった現象面が話題になりましたが、その本質は、常に、学校の真の最上位目標に立ち返り、既成概念やこれまで当たり前とされてきたことを見直したところにあります。

これまでの教育のあり方とはかなり異なることにも取り組みましたから、教員や生徒、保護者の中には最初はどのように受け止めればよいか、また、どのように取り組みを進めていけばよいのか、混乱したことがあったかもしれません。特に多くの教員にとっては、これまでの教員人生における「成功体験」を、場合によっては否定し、削ぎ落とさなければならなくなったわけですから、人によっては相当辛かったかと思います。

「麹町中学校で導入した「自律」のための取り組みの一例」

・宿題の廃止、中間・期末などの定期考査から、単元テスト・再テストのセットへ（校長4年目から）
→自ら学ぶ仕組みを構築。生徒自身が判断し、学び方も自分で選び、学びの目的である「分からないこと」を「分かる」にする仕組み。

・学級担任制から学年担任制へ（校長4年目から）
→「チーム医療」のように、多様な得意技を持った教員が学年で連携して、生徒にとって最適な教育を行う。相談したい教員を生徒・保護者がいつでも逆指名できる。生徒の主体性を重視した取り組み。

・頭髪・服装指導を含めた校則の廃止（6年間かけて徐々に）

→社会において取り入れられておらず、合理的ではない、学校だけで通用する独特なルールは即廃止。校則は生徒たちの生活をより良くするためのものという本質に立ち、校則を学校側のものから、当事者である生徒・保護者に全権を委譲した。その結果、制服なども、購入する生徒・保護者の意見を踏まえ、経済性、機能性などを重視。決定に至っては多数決を採ることなく、民主主義社会を創るために必要な対話というプロセスを全生徒・保護者が経験する取り組み。

・数学での一斉指導全廃（校長5年目から）

→従来の、教員が教室で一方的に行う授業を3年間全てで取りやめた。生徒が学ぶ教材も、どこから学ぶかも、どんな方法で学ぶかも全て自由。ＡＩ型教材やＹｏｕＴｕｂｅなどの動画で1人で学ぶことも、友達に相談することも、教員に質問することも全て自らの意思で決定して学んでいく。発達障がいなど、特性のある生徒たちに対応するための取り組みでもある。

植松　麹町中では、多くの学校では当たり前にされている、先生が生徒にやたらと「勉強をしなさい」とか、そういうこともあえて言わなかったんですよね。

工藤　はい。子どもは主体的な存在ですから、本当は誰かに言われなくても、自分自身が興味があることや、やると決めたことには取り組むんですよね。でも、中学1年生段階ですでに主体性を失ってしまっている子どもたちにはそれを取り戻すための「リハビリ」から始めないといけないことがあります。
特徴的な一例を挙げると、数学の授業でほとんどの生徒たちはタブレットのAI型教材で自由に自分のペースで学ぶ形を取っていたのですが、中学1年生ぐらいだと全く勉強する気がない子どもたちが何人もいるんです。もちろん、教員たちはその子たちを放っておきはしませんが、決して「勉強しなさい」というセリフだけは言わないように心掛けていました。1年生ですから、そのセリフを言えばほとんどの子はすぐに勉強します。でもそれでは主体性は取り戻せないんですよね。とにかく我慢です。1カ月、2カ月とひたすらこの我慢を続けていると、一人、また一人と何も言わなくても自分で勉強するようになっていくんです。

でも、たった一人だけいつまで経っても、やらない子がいたんです。なかなか頑固な子でした。しかし、7カ月が過ぎた頃のある日、ついにその子がやる気になったんです。人が変わったように猛烈なスピードでタブレットでの学びに取り組み始めたんです。結局、その子はたった1カ月半程度で1年分の内容を終えてしまいました。子どもは面白いですよね。言われて嫌々やれば、先生たちに反発する気持ちも生まれますが、自分の意思でやれば、とんでもない力を発揮します。

長い時間がかかりましたが、この子の忘れていた「学びたい気持ち」を復活させるのに、約7カ月という時間が必要だったのだと思います。後から調べて分かりましたが、こうした「教えない授業」によって、数学は学習指導要領が定める標準的な時間よりも短い時間で全員が学ぶ内容を終えて、しかも、点数はそれまでより良かったのです。

特に興味深かったのは、「先生が教える授業」では、「先生の教え方が悪い」と文句ばかり言う子どもたちが、「教えない授業」をすると、自らの意思で先生に質問して、「先生ありがとう」と感謝するようになったことです。自律することこそが、学びの基本だと改めて思いました。

植松　でも、そういう新しい方法を実行することは大変だったでしょう？　何しろ、大人も子どももも、自分で考えることよりも、周りがどうやっているかとか、周りにどう見られるかを基準に行動する人が多いですから。

工藤　そうですね。自分のことよりも周りに目が行ってしまうとすれば、その一つの原因には、これまでの大人の関わり方があったと思います。教師や保護者が常に先回りをして、よかれと思って多くの宿題を出したり補習させたり、家で勉強させたりと、子どもたちにあれやこれやと手を掛けすぎて、結果として、サービスに慣れ切ってしまった子どもたちを育ててきてしまったんですよね。サービスに慣れ切った子どもたちは、他力本願で自己決定ができません。自己決定できない子どもは、うまくいかないことが起こると、すぐに人のせいにしたり環境のせいにして結果として幸せになれないのです。でも、考えてみれば、この子どもたちの姿は、今の僕たち大人社会の姿だともいえます。子どもたちにさまざまなサービスを与える場になってしまった学校を、子どもたち自身が主体的に学ぶ場に戻してあげることこそが、学校に今最も必要なことだと思います。

植松　麹町中のことを、もう一つ聞いてもいいですか。当時、「学級担任制」から「学年担任制」へ変えたのはなぜですか。

工藤　参考になるのは「チーム医療」の考え方です。病院では患者さんに最適な医療を施すために、医師、看護師、薬剤師、理学療法士といったさまざまな専門性を持つ人たちが、その得意分野を生かしながら患者に向き合い、仕事をしていますよね。学校も同じように、いろいろな良さや特技を持つ先生、例えば、保護者と話し合うことが上手な先生、元気よく子どもたちと一緒に遊べる先生、子どもたちの話を丁寧に傾聴できる先生、相談された時に、自分の教科の専門性を発揮して、学ぶ楽しさを伝えられる先生、さまざまな良さを持った先生がいます。こうした先生方が上手に連携して、子どもたちと向き合っていけばよいのではないかと考えました。1人の先生が全てをカバーするよりも、長所を持ち寄った先生たちの力を集めた方が最高の医療を受けられるのと同じことで、生徒や保護者にも喜ばれますよね。

もう一つ重要なポイントは、生徒や保護者が相談したい教員を自由に選べるということです。担任が決められていると、相談しようと思っても、その教員に気兼ねして、言い出せなかったりすることがありますが、まずその心配から解放されます。何より、一方的にあてがわれたサービスに、人は不満を感じるものですが、自分で決めるとそれがなくなります。当然、クレームも劇的に減ることになったのです。教員たちも、生徒のトラブルが起こっても動じなくなり、結果的にメンタル的に解放されて、さらに連携しやすくなるといった良い方向に向いていきました。

僕の話はいったんここまでにして、本書を読んでいる方のために、僕自身は植松さんのことをよく知っていますけど、植松さんのことや、会社のことを紹介していただけませんか。

植松　そうですね。では、僕自身と会社のことを少し紹介させてください。僕は北海道赤平市で植松電機という会社を経営しています。会社は１９９９年10月、僕が34歳の時に設立しました。

最初は父と２人だけの会社経営でしたが、とにかく大変でした。最近では宇宙ロケット開発で広く知られるようになりましたが、最初から宇宙に関することをメインの仕事にしていたわけではありません。炭鉱で使われる機械の修理会社をしていて、その後、工事現場などで解体された資材の中から鉄だけを拾い上げるための強力なマグネットの製造・販売の会社を興しました。建設機械などに搭載するリサイクル用のもので、低電力で強力なマグネットを発明したので競合相手はほとんどなく、業界シェアは日本一です。ですから有り難いことに、今でも日本中の会社がうちの製品を採用してくれています。

その事業がお金を生み出してくれているので、宇宙開発事業にも携わることができるようになりました。宇宙やロケット開発と聞けばＮＡＳＡ（アメリカ航空宇宙局）やＪＡＸＡ（国立研究開発法人宇宙航空研究開発機構）などを想像して、国家的な事業と思う人もいるかもしれませんが、民間の会社もたくさん参入しています。

そして今ではロケットだけではなく人工衛星も作っています。無重力の実験装置も持っているので、アメリカの企業と連携してさまざまな開発も行っています。

最近では、工藤さんと出会うきっかけになったロケット教室も開催しています。修学旅行や遠足などで年間１００校くらいの学校が北海道赤平市に来てくれますし、僕自身も同じくらいの数の学校を訪問しています。

現在、植松電機ではいろんな人が働いてくれています。社員は本業に携わりながら、最近では宇宙開発の仕事以外に、医療機器の開発や南極で走らせるソリの開発、はたまた漁師さんとホタテ貝の養殖の研究もしています。社員がそれぞれ新しいことにチャレンジしています。

こんな風にさまざまな仕事を担う会社なので、さぞかし立派な理系の大学卒もしくは、大学院修了の社員ばかりが揃っていると思われるかもしれませんが、実際はそんなことはないんです。高卒文系の子たちが活躍してくれています。なぜ大卒や大学院修了の人たちではなく、高卒人材を採るのかというと、僕が大卒理系を採らないと決めているからです。その理由は、僕は大卒理系にあまり魅力を感じないからです。

「高卒文系の社員を採用する理由」

工藤　それはとても興味深いのですが、なぜ大卒者を採らないのですか。

植松　大学の時に、失敗のない優秀な学生生活を送ったためなのか、彼らの多くは失敗を避けようとして、習った知識の範囲から出ようとしないことがあるからです。新しいことをやってほしくてお願いしても、彼らは「それは専門外です」「それは習っていません」と断ります。それでは成長できませんし、僕は悲しくなります。
ところが、高卒文系の子たちは、どんなことでも「どうやればいいんですか?」と聞いてきます。そしてトライして失敗します。でも、失敗から多くを学んでくれて、やがては「できなかったこと」が「できた」になっていくんです。その時の彼らの顔は輝いています。その笑顔を見ると、僕も幸せになるんです。

工藤　いいですね。若い子の方が柔軟なんですかね。なまじ日本の教育を受け過ぎるのも問題なのかなんて思っちゃいますね。

植松　実際、彼らは会社の戦力になってくれています。高卒で入った入社3年目の女性社員は、ＪＡＸＡと共同で実験に取り組んでいます。

時々、「なぜ、そんなことができるようになる社員が多いの？」と聞かれることがあるのですが、僕は、その答えは、「放置しているから」だと思っています。ほったらかしておいても、周りの社員と連携して、できるようになっていくんですよね。そんな僕の会社が気を付けていることが五つあるんです。それは、

①部と課と役職がない
②ノーペナルティ
③ベーシックインカム
④目標稼働率は30％
⑤やりたいことをやろう

です。

僕は、会社と社会は相似形で、会社は社会を映すものだと思っています。もし

かすると僕はこの会社で、僕が希望する社会の実験をしているのかもしれません。僕は会社の仲間に幸せになってほしくて、自分が幸せになるためには、周りのみんなも幸せにならなければいけないことを理解してほしいとも思っています。

幸せには、2種類あるんですよね。「してもらう幸せ」と「する幸せ」です。どっちを選ぶかで人生が変わります。僕は社員に「する幸せ」を選んでほしいんです。

工藤　「してもらう幸せ」と「する幸せ」ですか。まさに学校教育の課題と同じですね。当事者になれるか、受け身でいるかということですよね。今、日本の多くの会社も学校に期待するばかりで、自らも努力はしているのでしょうが、自ら育てる人材育成には苦労しているようです。植松電機にも研修で社員を派遣する会社があるんですよね。

植松　はい、日本のさまざまな会社は今「社内に使える人がいない」と言って、とても苦しんでいます。うちにもいろんな会社が研修に来ます。でも、そうやって会社で人材育成がうまくいっていない理由は、現在の日本の受験の仕組みが関係しているのではないかと思っています。特に筆記試験（ペーパーテスト）で評価を行う方法はよくないと思っています。子どもたちの貴重な時間を使って暗記できる量と正確さを競うなんて、これから先、ＡＩやロボットに確実に負けるやり方です。

これを変えるためには、まず「大学に行けば何とかなる」「大学に行かないと就職先がない」という常識を打ち破ることが効果的なように思います。先にお話ししたように、うちでも高卒文系の社員がとても活躍しています。もちろん、大学は「学びたいこと」や「自ら学ぶ意欲」がある人にとっては素晴らしく能力を高めてくれる環境だと思っています。でも、学歴という他者評価のためだけに行くには時間とお金がもったいないです。

そこで、こうしたシステムを変えるためには企業が採用条件から「学歴」を外せばいいと考えています。外すだけですから、学歴があってもなくてもかまいません。学歴を基準にせずに、本質を見るためにもっと真剣に採用面接をしてほしいんですよね。これはいくらでも方法があると思います。学歴に縛られなくなれば、無駄に大学に行く必要がなくなりますし、学生たちは奨学ローンの返済を心配しなくてもよくなります。学費に使われるはずだったお金は別のことに使えるようになります。

本来は学べば学ぶほど人生は豊かになり、人は幸せになるはずなのに、そうなっていかないのは、学ぶ目的と手段を間違えているからですよね。「学ぶ」ことや「学力」は、教えられたことを覚える力ではありません。自分で疑問を感じて、自分で考えて、自分で調べて解決する力です。

工藤　そうなんですよね。何のために学ぶのかという目的と、学ぶことそのものの楽しさが置き去りにされていて、勉強が「受験のため」になってしまっているとしたら本末転倒です。

植松　学ぶことは大切なんです。特に資源がない日本では、仕事の付加価値を高めることはいずれ国益になります。そのためには、人間の能力を高めることが一番です。だから、学ぶことにはすごく意味があるのですが、先ほど言ったように、そこでロボットに負けてしまう人材を作っているので、その方法はもうやめた方がいいです。

子どもたちはこれからの日本や世界をより良くしていく可能性に満ちあふれています。でも、古い体質の企業や組織の階層構造には、まだまだ自分たちに都合のよい人間を仕立てる仕組みが残っています。だからこそ、企業の経営者には、どうか、採用条件から学歴を外してくださいと重ねてお願いしたい。それだけで、10年後には素晴らしい人材を採用できるような時代になっていると思います。

工藤　学校も入試の方法を改めないといけませんね。横浜創英でも、新しい入試の方法を工夫して取り入れています。学校に多様な生徒がいることが大切だからです。

「違うと必要とされる」

工藤 ところで、植松さんはどうして本業のマグネットの製造から、宇宙産業に目を向けられたのですか。

植松 それは僕が子どもの頃に育った環境が影響しているような気がしています。人とは違うこと、「不便」や「困った」を解決することが大切だと考えたからだと思います。
僕が生まれ育ったのは、北海道のほぼ真ん中です。そこは石炭が豊富に取れる地域だったので、「産炭地」と呼ばれています。かつては石炭産業で急激に人が増えたので、戦後の北海道は東京よりも人口が多かった時もあるんですよ。しかし、エネルギー政策の転換で石炭は使われなくなり、炭鉱もどんどん閉山し、それに伴い、人もどんどん町を離れていきました。僕は生まれた時から人口が急激に減る町で暮らしました。目の前でどんどんお店がなくなります。会社もなくなります。友達が転校していきます。

それで、人が減る時代には、他の人と同じことをやると、比べられて安い方が選ばれます。これでは、食べていけません。今の日本もまさにこの状態です。ここから抜け出すためには「違う」が大事なのです。

僕はこの地域で生まれ育ったからこそ、人口や人の頭数を当てにした仕事より、社会や人を支える仕事の方が生き残れると考えるようになったのだと思います。「不便」や「困った」はなくなりませんから。

例えば、僕の会社には宇宙空間と同じ微小重力状態を地球上で作り出せる実験装置があります。これは世界に3台しかないと言われています。売ってなかったから自分たちで作りました。でも、まさか日本に1台しかないとは思っていませんでした。僕たちは、うっかり、他の会社がやらないことをやってしまったんです。

でも残念ながら今の日本では、「違う」は「おかしい」と言われます。だから、この装置を作った時は、周りの人たちからずいぶんとひどいことを言われたものです。ところが今では、北海道のかなり田舎にある僕の会社に、ＪＡＸＡの人が毎月実験に来ています。なぜなら、実験装置がうちにしかないからです。「違う」と必要とされるのです。人口増加期の仕事は、放っておいても増えていく経済市場に対応することが大事でした。だから、働く人には、余計な工夫なんて考えないで、目の前の仕事をきちんとこなすことが求められました。睡眠時間や自由時間を削り、他人よりも多く仕事をした人は所得が増え、少しはいい暮らしができました。何と言っても、仕事はいくらでもあるのですから。この頃は「24時間戦えますか？」なんていうテレビ・コマーシャルも流行りましたね。

でも、人口が減っている今では、たくさん仕事をしたら仕事が足りなくなります。また、ロボットやＡＩの発達により、言われたことを言われた通りにやる仕事はどんどん自動化されています。残念ながら、人口増加期の「成功の秘訣」は、ほぼ全てが「負ける秘訣」になってしまっています。これからは、新しい仕事や価値を生み出す仕事をしないと、かなり厳しいです。

工藤　学校教育も同じですね。人口増加期はそれなりの学歴を持っていれば、誰もが就職できたし、入った会社も右肩上がりで成長しました。そのための教育をしてきたと思います。でも、人口が急激に減少するこれからの社会を考えると、学校教育も変えていかなければなりませんね。

植松　そうなんです。子どもが減っていくこれからの時代はやり方を変えないといけないのに、そうはなっていないことがあるんです。地方でも高校の統廃合が急激に進んでいます。そこでは、高校は生き残るために「実績」を増やそうと、「進学率」を無理に上げようとします。その結果、子どもたちの感想文からは、悲痛な叫びが聞こえてきます。「行きたくもない大学に進学させられた」「理系に行きたかったのに、成績が悪いからと文系にさせられた」「専門学校に行きたかったのに、先生が許してくれなかった」など、これでは、いったい誰のための進路指導なのか分かりません。大人が子どもの人生を利用しているように見えてしまいます。

大人は、自分が経験した進路指導が古くなっているという可能性を自覚すべきです。20年前の常識で行動している人が多いです。大人こそ、積極的に現実の社会を見て、常識や教育をアップデートする方がいいと思います。

工藤　僕もそのことを強く感じます。そもそもこれだけ変化の激しい世の中では、どんなにすごいと言われている企業だって、10年後に同じ状況でいられるかは誰にも分かりませんよね。僕ら大人が、子どもたちにこんな進路にすれば大丈夫だよと安易に言えるはずもありません。子ども自身が自分の力で自分の進路を決定できるようにしていく必要がありますね。

人口増加と人口減少の課題は、今の学校教育を規定する重要な話なので、そこを出発点にして、次の章で植松さんと話し合っていきましょう。

第2章

社会が直面している課題
―人口減少社会の意味

「急激な人口増加と人口減少の影響」

工藤　本章では、先ほどから話に出てきている「人口増加と人口減少の問題」をさらに見ていきましょう。

これからの学校教育は、人口の急激な減少による社会の変化を踏まえることなしに論じることはできません。僕も講演の際に、植松さんが使われている、国土交通省が作成した人口動態が分かるグラフをよく引用させてもらっていますが、このグラフが示している人口減少の割合は衝撃的です。この先、こんなにもすごいスピードで人口が減っていくのかと（41頁のグラフ参照）。でも、10年以上前に、国の中枢である「霞が関」で、これだけのことが分かっていたわけですよね。

劇的な人口増加と劇的な人口減少

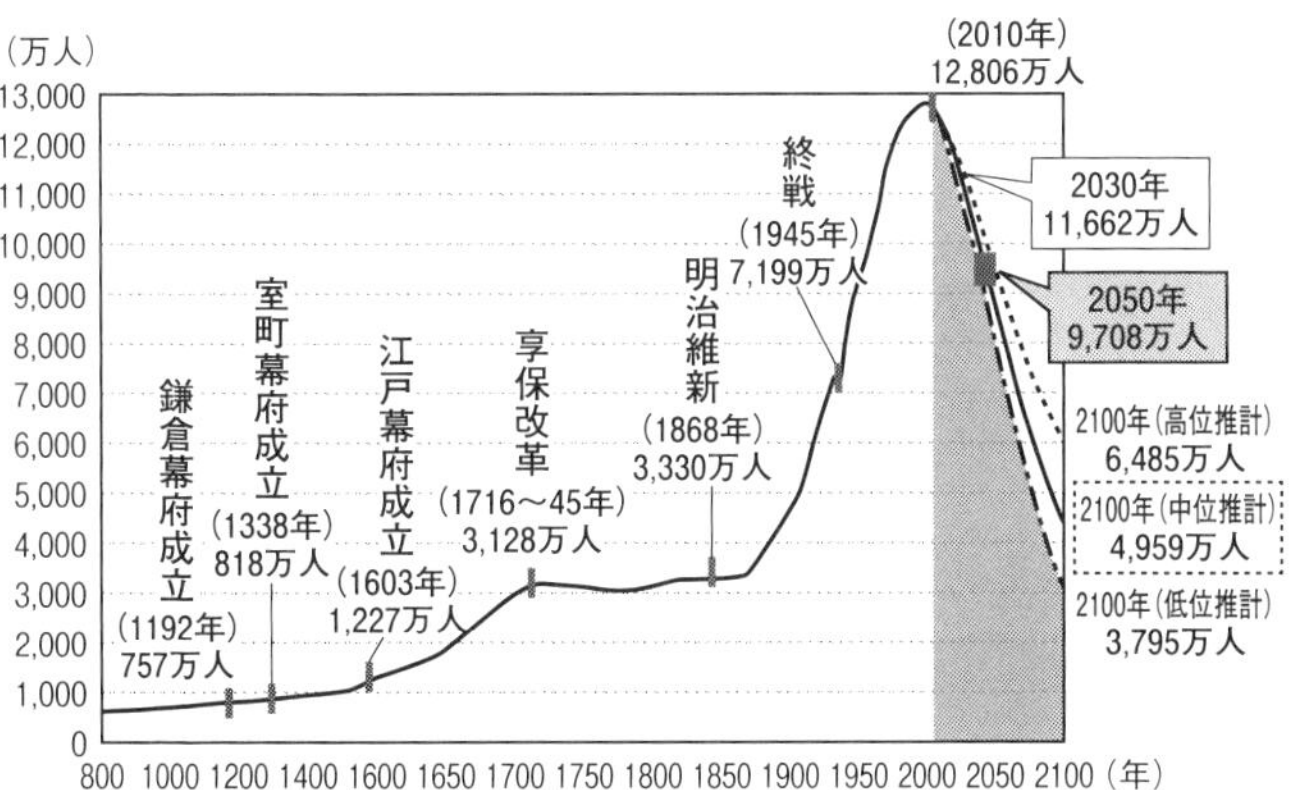

資料) 2010年以前は総務省「国勢調査」、同「平成22年国勢調査人口等基本集計」、国土庁「日本列島における人口分布の長期時系列分析」(1974年)、2015年以降は国立社会保障・人口問題研究所「日本の将来推計人口(2012年1月推計)」より国土交通省作成

植松　そうです。人口って奇跡が起きないから、基本的には、この通り進むと思います。長らく日本を支えてきた人口増加を前提とした経済システムから、人が減っても成り立つ経済システムに急いで変えていく必要があります。残念ながら、こんなに急に人が増えて、こんなに急に人が減るのは他国では例がないことです。だから、この問題の乗り越え方を教えてくれる国はありません。これは、日本人が自分の力で乗り越えないといけない問題です。

まずは、できるだけ多くの人に日本の現状を真剣に見てほしいと思います。でもこのことは、工藤さんがおっしゃる通り、何十年も前から予測してきたことなのに、これまで何の対策もできなかったということです。僕は、いろんなところで企業向けの講演をさせてもらっていますが、そこでビックリするのは、経営者の人たちが、みんな後から控え室に来て、「人口減少のグラフを見てビックリした」って言うんです。「えっ、今さら何を言ってるの」って思うんですよ。それで、「人が減っているという実感がなかった」と言うんですよね。確かに、特に都市部の人たちは、人口減少の問題に感覚的に気が付いていないのだと思います。でも、あまり減っている実感がないのかもしれないけど、人口が何とか維持できているのは都市部だけなんです。先にお話ししたように、僕が住んでいる北海道赤平市では、これまで以上に急激に人が減っているんですけど、これ、自然減なんです。人口流出ではないです。人口流出していた頃は年間200人から300人程度の減少でしたが、今は年間600人ぐらい減っています。これは高齢者が亡くなって、若い人が生まれてこないことで起きている急激な過疎化です。日本中でそれが起きているんですよね。

工藤　僕も人口増と人口減について気になったので計算してみたことがあるのですが、日本は明治維新から130年ぐらい、大体、毎年70万人ずつ、ずっと人口増加してきたんです。それが今、80万人ずつ減っているわけです。言ってみれば、毎年山梨県くらいの規模の県が一つなくなっているのと同じです。これが続いたら、あっという間に明治維新の頃まで人口が戻ります。このことを踏まえて、早急に対策に取り組まないといけないですよね。

僕らが生きてきた時代は、人口増加でいろんなことが上向きだったんですよね。その勢いのある時代は、僕の子どもの頃の思い出とも重なります。まだ僕が小さい頃、幼稚園の年長か小学校低学年の頃だったと思うのですが、家にカラーテレビがやってきました。当時、まだ若かった30代の父が買ったんです。それまで僕は白黒テレビしか観たことがなかったので、カラーで映像を見た時の衝撃は今でも忘れられません。それから10年後くらいには電子レンジがやってきました。電源を入れるたびに、電圧が変わるのか、一瞬、家の照明が暗くなったような記憶があります。

この時代は僕の父だけではなくて、皆が若くて、ものすごく意欲的だった時代だったんだろうと思います。当時の世の中は「売り手市場」ですから、魅力的な製品は値段を高くしても飛ぶように売れていったのでしょう。小さな町工場が大きい会社になっていった時代です。働いている人たちの給料も上がり、消費も増えていきました。

でも、今はそういう時代ではないんですよね。これからの人口減少時代は人口増加時代とは真逆のことが起きます。安売り競争をすると会社は倒れていくでしょう。付加価値をつけて高く売れるものを創り出していかないといけないですよね。

植松　その通りです。人口増加時代って、比喩的に言えば、山で山菜がたくさん生えてきて、みんながそれぞれ採りにいって、たくさん採っても次から次へと生えてきた時代です。それが今、山菜が採れなくなってきて、みんな「困った」と言いながら、最後の1本まで根こそぎ採っていく状態になってしまっている。こんな感じですよね。

人が増えている時代は、工藤さんがおっしゃる通り、モノを作っても作っても足りません。サービスしても全然足りません。だから、そこで成功するためには、「誰かが成功していることを真似すれば大丈夫」でした。なぜなら「足りない」からです。この時代は、新しい仕事を始める時には「何が流行っているかな?」「何が売れているかな?」と調べて、真似すればOKでした。ですから、この時代は「同じ」「普通」「前例がある」が成功の条件でした。この時代がずっと続いてきたのです。

でも、もうこのやり方は通用しないです。人口減少で社会が縮小すると、会社も縮小します。なぜなら会社は社会から対価を得る存在だからです。本当は、会社は教育に貢献するなどして社会を大きくする努力をしてこなくてはいけなかった。でも日本では、社会がいわば勝手に大きくなってしまったので、会社は必要な努力をする経験をしてこなかったんだと思うんです。

「社会全体で考えなくてはいけないこと」

工藤　人口増加のベースが急激だったから、本当は努力すべきところを努力しなくても成功してしまって、僕たちは何か優れているんだと勘違いしてしまったのかもしれませんね。

僕が気になっているのは、人口増加から人口減少に転じたことに加えて、高齢化社会の問題です。国全体の借金が今、1千兆円以上あり、一方で、個人の資産は2千兆円あると言われています。でも、その膨大な個人資産を持っているのは多くが高齢者です。北欧のように社会福祉が充実していて、老後の面倒は国が見るということであれば、こんな風に高齢者も資産を溜め込まないでしょう。安心して老後が暮らせるとなれば、引退後も自由にお金を使い、そこでは消費税も払うことになるので、高齢者も社会に参加していけるわけです。でも今の日本はそういう制度ではないので、高齢者は老後の生活や急な病気を心配して資産を溜めているのかもしれません。そのことが日本経済がうまく回っていくことを阻害しています。

僕たちが当事者として、このことを知って自分事として対策を考えてこないといけなかったんですよね。本当は、政治がこのことをきちんと考えて実行しないといけないとも思います。この先に備えるという意味では、これから上下水道や道路や公共施設などのインフラの更新が本格的に始まりますが、こういうことも本当は日本に余裕がある時にやっておくべきだったと思います。アジアなどの開発された街並みを見ると、効率的にインフラが設計されていますよね。道路や電線の整備にしても、日本は行政が縦割りで効率化されていないから、地上に電線、地下には水道やガスと分かれていて、工事一つするにしても、水道工事をやるために道路に穴を開けて、ガス工事のためにまた別の場所に穴を開けて、といったように、道路に何回も穴を開ける非効率なことをしています。

植松　本当に、いつも道路を掘り返してますね。道路は、何のために作るかが大切なのに、日本はそこまでいかなくて「道路を作ること」それ自体が目的になってしまうんですよね。その後の経済効果まではあまり考えていない気がします。昔、カルザイさんというアフガニスタンの大統領がいて、いいことを言っていました。２００１年の米同時多発テロの後、タリバン政権がアメリカによる攻撃で崩壊して、２００４年から10年間、暫定行政機構を担った人なんですけど、その人が復興のために何が欲しいかと聞かれて「道路が欲しい」と言ったんです。インフラにお金を使うのかなと思ったら、そうではなくて、「道路ができるとビジネスが盛んになって経済が良くなる」って言ったんですね。これは素晴らしいなと思いました。

工藤　日本にもそういった先見性のある気概のある政治家が生まれてこないといけないですよね。かつては日本にも、意識を高く持っている人たちがたくさんいたと思います。逆に、日本が人口減少に入り、経済的にも低調になってくるあたりから、ただただ無駄使いを止めましょうという、コストカットの風潮になってしまったのは残念です。もちろんその工夫自体は悪くないことですが、新しいものを創造したり、投資をしたりという攻めの姿勢まで消えていっているように思えます。昔、国会で「2位じゃダメなんでしょうか?」っていうセリフが話題になったことがありましたが、こういった考え方が、何か今の日本を象徴しているように思えます。経済的に豊かになることを目指し、国際競争力を高めていくことで日本が成り立っていた時代から、今や、国際競争力が下がってきていて、いろいろな分野で勝てなくなってきていることが問題ですね。人口減少社会では、今までにないことをしなくてはいけないのに。

植松　そうなんですよね。自分で考えて、今までにないものを創り出すことが大切です。ビックリするのですが、「植松電機のマグネットはどこの製品なんですか」と時々言われます（笑）。「いや、これはうちの製品です」と話をすると、「そのアイデア、どこから買ったんですか」と言われるんです。それで、「これは自分で考えたんです」と言ったら、「えっ」と驚かれることがあって。

日本には、「買って売るだけのビジネス」があまりにも多過ぎなんです。でも、それだと改良が全くできないんですよね。自分たちで作らないと、改良も含めて、もっと先に進めないんです。買ってできることをしてる場合じゃないよねと思うんですけど。

確かに、細かいネジ1本とかは買った方が絶対に安いです。買った方が得な物は買った方がいいけど、僕は、買えない物の中に奇跡があると思います。

工藤　そうですよね。僕が言うことではないかもしれませんが、昔の日本の経営者の方々は、植松さんのように、今までにないものを創ろうとか、世界でトップを取ろうという気概を持つ人がたくさんいたわけです。「世界でトップを取ろう」

というのは、ものすごく意味があることです。植松さんが開発した特許が世界ナンバーワンで、かつ、オンリーワンだということに意味がある。オンリーワンを創ることの意味はすごく重いです。

植松　でも、オンリーワンって理解されないし、誰も知らないから、最初は悲しいことに全く売れないんです。マーケットリサーチしても、そもそも存在しないものだから調べたって答えはゼロです。でも、ダーウィンの進化論ではないけど、いっぱい変なものも含めてたくさん作っていったら、中には生き残る奴もいるよという感じで、まぐれや奇跡に期待するみたいな、ビジネスにはそういう面もあると思います。それで、いっぱいいろんなものを作っておくと、どれかが伸びていくんですよね。そこで「右にならえ」でみんなが同じことやっていると、ブームを作り出すことはできるかもしれないけど、所詮、長くは続かないです。

繰り返しになりますが、僕は、日本は人口増加を当てにした経済システムから、人口が増えなくても成立する経済システムに変えるべきだと思っています。そのためには、社会の形や教育のあり方を真剣に考えなくてはならない時期にいるように思います。しかし、その議論が圧倒的に足りていませんね。

工藤　そうですよね。僕は、今の社会や学校に圧倒的に足りていないのは、人々の「当事者意識」だと考えています。誰かに任せるのではなくて、誰もが当事者にならなくてはいけないし、その中には、先頭に立って進むリーダーが必要です。

僕は、麹町中でも横浜創英でも、有志の生徒たちに向けた「リーダー育成」をしてきたのですが、日本の教育は、本来やるべき「リーダー育成」をこれまでほとんどしてこなくて、植松さんの言葉とは違う意味での「フォロワー」しか育ててこなかったんじゃないかと思っているんです。

そこで、植松さんが使う「フォロワー」について伺ってみたいんです。植松さんは、例えば、「植松電機の社員はフォロワーだ」という言い方をされることがありますよね。でも、植松さんが普段話されている中での「フォロワー」の意味と、教育界で一般的に使われている「フォロワー」の意味は、だいぶ違う気がするんです。

教育界で使われるリーダーとフォロワーというのは、例えば、こんな感じです。クラスの学級委員が決まったとします。教員たちは、「これが仕事だよ」と学級委員に伝えて、クラスでいろんなことに取り組むわけです。しばらくすると、学級委員は、「みんなが動いてくれないんです」「邪魔をする人がいます」と教員に愚痴をこぼし始めます。そうすると教員が出てきて、学級委員に従わない子たちを「なんで学級委員の言うことを聞かないんだ」と叱る。それで、全員が全員、周りに不満ばかり言いながらリーダーに嫌々従う。こんな光景が日本中にあふれています。でもこれは、教師に作られた、形だけのリーダーとフォロワーです。

リーダーに必要なのは、「人がそもそも動かないのが普通だ」という前提で動ける力です。その上で、「動かない人を動かすためには、どうしたらいいのか」を工夫して行動できるかどうかです。残念ながら、学校では「リーダーの言うことを聞くのが正しい」という教育をこれまでしてきた。その結果が、今の日本社会そのものを作っているんだと思うんです。

植松　本当にそうですね。とにかく上の言うことを聞け、と学校が子どもたちに「作法」を教えてきたんですよね。

工藤　植松さんの会社経営はそれとは明らかに違います。社員の皆さんがそれぞれ当事者意識を持って、ある目標に向かって課題意識を持ち、自律的に工夫して目の前の仕事に取り組んでいる。

先ほど、会社でそれぞれいろいろなことをやっていたら、何か一つその中から突き抜けていくこともあるというお話がありました。かつてはそういう日本の会社はたくさんあったと思うんです。

例えば、ソニーがそうです。自由闊達で、アイデア溢れる独創的な製品をつくっていく中で、世界をリードするような製品が生まれてきました。携帯音楽機のウォークマンもそうでしたよね。ウォークマンが開発されたことで、あの当時、世の中の文化が切り変わったわけじゃないですか。音楽を個人が持ち運べるようになった。他にも、魅力的なクルマやバイクをたくさん作ってきたHONDA（本田技研工業株式会社）などもそうだと思うんです。HONDAでは、本田技研工業の研究開発がある一方で、そこから分社化して本田技術研究所が生まれ、研究所の方は独立性を保って、ここでは世の中のためになるものを作れ、みたいな気概があった。みんな自由にそれぞれの目的意識を持って働いているんだけど、それが世の中のためになるものなのか、大きな影響力を持つものか、ということも同時に考えていたと思うんです。

人の役に立つ、社会に変化を与える、そういった考えが、これからますます必要な時代になってくると思うのですが、植松さんの会社では、どんな風に社員の皆さんはそれぞれの仕事に取り組んでいるんですか。

植松　人にはみんな、得手不得手がありますので、僕は苦手な人に苦手なことをやらせてもしょうがないなと思っていて、「好きなことが伸ばせる分野を見つけたらいいよ」という話をしています。時々、新しい仕事がぽんと来ると、その中で自分ができそうなことを見つけてそれぞれが取り組む感じです。それで、できないことがあれば「助けて」って周りに言えばいいんです。僕の会社では1人が大体平均で4本か5本ぐらいのプロジェクトに関わって参加している感じですね。だから、先ほどのご質問で「フォロワー」といっても、ちゃんと周りにも相談できる人だし、ただ誰かの指示に従う人ではなくて、自分から取り組む人ですよね。

工藤　やっぱり、植松さんの言う「フォロワー」は、僕の考える「リーダー」で、当事者意識を持って、主体的かつ協働しながら社員の皆さんは働いているのですね。

それで、植松電機では、会社全体で何本ぐらいのプロジェクトを進めているんですか。

植松　今は10以上のプロジェクトが走っていますね。

工藤　どんなプロジェクトがあるんですか。

植松　例えば、「除雪機を無人化したい」という話が来ていてですね。除雪機を自動(自律)運転で、雪かきをしながら歩くようにするのを開発している人がいます。それで道路とか民間の家屋の雪かきもできるようにしようと。要はルンバの雪かき版を作るというものです。

工藤　なるほど！　雪かきするルンバですか。めちゃくちゃ分かりやすい。

植松　ルンバよりも除雪の機械の方がパワーがあるので、機械に人が巻き込まれるかもっていう心配がある。そこは若干怖いねって。
他には、今までうちでサポートしてきた大学生が卒業して会社を興して、またうちの会社に来て実験を始めたりしているので、その人たちの手伝いもしています。今、三つぐらいの会社が来て実験しているので、三つ全部サポートしなければいけなくて大変です。
後は、「ロケットエンジンを真空中で試験したいからその装置が欲しい」と言われて、これもやってます。でも、真空中でロケットエンジンを燃やすのって難しくて、真空にしようと思って、空気を引いても引いてもロケットエンジンからガスが出てくるじゃないですか。それに負けないだけ引かなければいけない。そういう装置を作ってみたり。他には、近所のお菓子屋さんの機械が壊れたら直したり。

僕は技術とか科学って、世の中の困ったことを解決するためにあるんだと思っているんです。で、いろんなことをやっていると、社員のスキルが一人ひとり確実に上がっていくんです。しかも次にもっと良いことができるようになるんです。仕事は、そのための修練の時間でもあるかなという気がしますね。

工藤　いいですね。植松さんのところの社員の人たちって、どうやって植松電機に入ってくるんですか。というのも、以前、たまたまですが、NHKのテレビ番組「サラメシ」で植松電機の社員の方が出演されているのを観たんです。この前、赤平に訪問させてもらった時も、さっき、植松さんがお話しされた、高校を卒業してすぐに植松電機に入社した方がいて、お話をいろいろと聞かせてもらったんですけど、とても素敵なお話で、仕事ぶりもとても充実しているように見えました。

植松　割と多いのが、僕の本を読んだり、講演を聞いたりした人たちですね。それで直接連絡をくれて、一度、会社を見においで、という形で来てもらって、相性が良ければ入ります。それで「宇宙のことだけをやりたいという人は来なくていいよ」と言っていて、むしろ、来てもらわないようにしているんです。

工藤　興味深いです。それはなぜなんですか。

植松　うちは宇宙を専門にやっている会社ではないからです。「宇宙は手段の一つだから」と言ってます。「もし宇宙だけをやりたいのなら、そういうことを専門にやっている会社に行った方がいいよ」と話しているんです。工藤さんもお会いしたと思いますが、すでにお話に出た通り、うちの社員は、最近は割と普通科高校を卒業した文系の女の子が来ることが増えています。意外とその子たちが奇跡を起こすんですよね。やっぱり技術者とはまるで違う視点を持っているんです。それがすごく面白い。

工藤　なるほど。植松さんのところはロケットでも有名ですが、もともとそれは北海道大学との共同研究だったのですか。

植松　北海道大学の永田晴紀先生（工学研究院 機械・宇宙航空工学部門 宇宙航空システム教授）がロケットを開発しました。「エンジン屋さん」なんです。永田先生はもともとは「エンジン屋さん」なので最初手伝って、それでエンジンを作りたい、そのための試験をしたい」と言うので最初手伝って、それでエンジンができたら今度は飛ばしたいよね、胴体も作るかという話になる。そうなると発射台もいるよね、じゃあ発射台を作るか、パラシュートもいるよねと言っているうちに、ロケットを丸ごと作ることになりまして、という感じです。

工藤　面白いです。ロケット開発は、将来的にはどういった方向に行くことを考えているんですか。

植松　基本的には、僕らは宇宙開発をビジネスにする気は一つもないんです。宇宙は南極と同じで、「公共の場所」だと思っているから、そこで商売をしたらダメだろうと考えてます。それに、僕らより、うんと頑張ってる科学者がいっぱいいるんですよね。その人たちが宇宙で実験したいのに、宇宙に行けないケースがすごく多い。そういった時に、非常に安価に宇宙に行く手段を僕らが頑張って開発して提供するのはありだろうと思っているんです。だからどちらかと言うと、研究をビジネスとして成立するように支えるのが僕らの仕事かなって思っています。僕らは技術的な支援もするんですけど、ビジネス的なサポートというか、僕の経験が役に立つかなと思って、それも今、手伝っているところですね。

工藤　なるほど。サポートする、ですね。こういう研究の現場の話はリアルで面白いですね。

植松　今、ロケットの性能がどんどん良くなって、パワーが上がっているんですよ。一方で、人工衛星は科学の発達のおかげで、どんどん小さくなっているんです。だから、かつてのように1個のロケットに1個の人工衛星しか載せないというパターンはすごく少なくなっていて、1個のロケットにたくさんの人工衛星を載せるようになっているんです。

それで、宇宙に行ってからバーッと衛星が放出されるんですけど、その放出された衛星は全部、カルガモの親子みたいにつながって飛んでいきます。ロケットって、1本のベクトルで示される軌道しか作れないんですよね。だから、火星に行きたいとか小惑星に行きたいといった衛星は、火星とか小惑星に行くロケットが打ち上がるまで待たなくてはいけないんです。でも、火星とか小惑星に行くロケットが打ち上がるチャンスは、いつまで経ってもなかなか来ないんですよ。だから、カルガモの親子のように放出された衛星がそれぞれ、自分でガスを噴射して、火星とかを目指していくようにしようというのに取り組んでいて、それで新しい会社を1個作りまして、本格的に動き始めたところです。これが実現すれば、小惑星探査とかのコストがうんと安くなって、いろいろな研究者が奇跡を起こすんじゃないかなって。

研究開発と研究費の問題

工藤　いろいろな研究に植松電機が協力しているという感じですね。勝手なイメージですが、科学者は「こんなことできたらいいな」と思って研究を進めているのかもしれませんが、そこではあまり採算とか考えないことがありますよね。植松さんのところで取り組んでいるもののうち、幾つかは将来、きちんと利益が出せるようなものに発展させなくてはいけないというプレッシャーはありませんか。やはり研究にはお金がかかると思うんです。

植松　日本では、大学が研究するお金は、一般的に「科学研究費助成事業（科研費）」という国からの助成金が多いんですよね。これは日本学術振興会というところが持っているお金です。他にも、国立研究開発法人科学技術振興機構（ＪＳＴ）や、文部科学省以外の省庁が管轄している外郭団体のお金もあります。でも、それらは基本的に国のお金なんです。つまり税金です。

そのお金をもらうのにみんな必死になっているんですが、もらうためには結構ハードルが高い。まず、新規性が何より求められるんですね。つまり前例がないことをやらなくてはいけないんですよ。だからみんないろいろなことをやりたがるんだけど、僕から見ると、もうかなり「重箱の隅」をつつくようなことをやり続けてるんです。

それに、これらの研究費は既存技術のブラッシュアップにはあまり使えないお金なんです。だから新しい研究があっても、それを基に実用化されていないものがすごく多いです。実用化するためのサポートがほとんどないんですよね。科研費で日本の大学の研究が行われているので、それで研究は進むかもしれないけど、社会には還元されてこない感じがします。

工藤　一方で、世界を見ると、日本以外では、20年から30年前と今を比べた時に、研究に費やすお金が莫大に増えている国がありますよね。

植松　そうです。諸外国が研究に投資をする一方で、日本は研究費も減り、学術論文の発表数は激減しているし、特許もすごく減っています。だから僕としては、国のお金ではなくて、民間のお金による研究開発というか、サポートが必要になるだろうなと思っています。今は、その一部をお手伝いしている感じなんです。
国のお金はすごくあるみたいに見えますけど、所詮は税金なんですよね。税金ということは、僕らが稼いだお金のうちの一部です。だから、本当は市場の方にいっぱいお金があるはずなんです。そのお金を有効に活用できていない。よく「産・学・官」連携って言われるんですけど、僕は今は「官・学・産」連携になっているなっていう気がして。

工藤　「官・学・産」というのは、どういうことですか?

植松　今は「官」が財源なんですよ。「学」は「官」からお金をもらうために、「官」が言う通りの研究をする。さらに「産」はそこにさらにぶら下がって、ちゅーちゅー吸ってるって感じです。これでは何も奇跡が起きないなと思っているので、僕は「産」が市場からお金を集めてきて「博打」を打つのがいいと思っています。自分の責任で勝負するんですよ。
「学」というのは学術探究とか真理の追究しかしてはいけないと思うんです。それで「官」は公平を守り、法律を作る、危険なことがないようにする管理だけをする。こういう役割にすれば、きれいに回る気がすごくするんですけど。今は「官」がちょっと頑張りすぎているというか、みんな「官」にぶら下がっている感じがしますね。

工藤　なるほど。行政主導型になっているということですね。その形だと、いつまでも「産」と「学」は自律できない形になってしまう。これは「産」も「学」も含めて、組織のあり方の問題ですね。

植松　そうです。「官」も「産」も「学」も日本の組織は基本的にピラミット構造じゃないですか。ピラミッド型組織で必ず発生するのが、出世の問題です。出世するためには、上からの評価が大事になる。そうなると、失敗を恐れて、自分がいる間に変なことが起きなければいいという発想になってしまう。そうすると「何もしない」ことを選択する人ばかりになるんですよね。頑張りすぎて失敗して落ちるぐらいだったら、何もしないで、年齢とともに上に上がっていけばいいや、ぐらいのつもりになってしまいますから。このピラミッド型構造が、おそらく江戸時代からほとんど変わってないのだろうなという気がします。それが現在の日本までずっと来ている。そこでは、上意下達しかないので、ボトムアップのデータは上がっていかないんですよ。だからトップの人の勉強量が少ないと、もしくは、トップが世界を見てないと、下も全部世界を見れなくなってしまうんですよ。

工藤　学校運営も全く同じです。トップが目的意識をもって改善していかないと、下の人たちもそうはならないですよね。

植松　国のトップの人たちは海外を含めて、外を見ていないなという感じがすごくします。研究開発のことで言うと、日本は昔から飛行機を作るたびに失敗しているんですけど、もしくは、いろいろな飛行機を今まで作ってきて、全部、日本のものではなくなってしまっているんだけど、世界をもっと見ていくべきですね。

そこで感じるのが、日本の学生と、外国の学生の違いです。北大の学生がうちによく実験に来るんですけど、大学院生には外国人も結構いるんですよね。外国の子たちは卒業したら入りたい会社がないから「自分で会社を興す」と言っているんです。日本人は卒業したら「どこに入ろうか」ということばかり考えてる。この発想の違いがすごく大きい。

工藤　その違いは大きいですね。教育も、世界を見ていないように思えます。僕も他人のことを言えるような人間では決してありませんが、「よし、やってやるぞ」という気概のある人や世界を相手に勝負に出る人がなかなか生まれづらい学校現場になっていますね。

「ギャラリー教育、モニター教育」

植松　そうなっている理由はたぶん、教育のスタイルにも原因の一つがあって、今の学校で一般的な形の、教室の中に先生と生徒がいるシステムって「ギャラリー教育」と言うらしいです。

工藤　ギャラリー教育ですか。

植松　要するに、子どもたちが「ギャラリー（観客）」なんですよ。こうした一斉授業方式は、世界的に見れば産業革命の時に形になったそうです。そしてここから同一年齢・同一内容の授業が行われるようになって、働ける人を短期間で作るために有効な手段として活用されたらしいんです。

それ以前は「モニター教育」という形だったらしくて、異年齢の子たちが混じっていて、先に分かった子（モニター：助教）からみんな学んでいって、学んだ子がさらに他の子に教えるというスタイル、日本で言えば、寺子屋とかみたいなものだったそうです。

「ギャラリー教育」は、従順な人を作るにはすごくいいのですが、それが今になってちょっと破綻してきてるかなという感じがします。しかもこのシステムは、短期間で使いやすい人を作る仕組みなのですが、日本ではそれを6・3・3で、小中高の12年間もやってしまっています。もっと短期間ならまだよかったのかもしれないですが、12年だと長すぎる気がします。

工藤　受け身な子を作ってしまっている教育の仕組みってことですよね。それで思い出すのですが、ずいぶん前に外国から入ってきたものを何の疑問も持たずに、そのまま続けていることってありますよね。

例えば、行進がその一つです。幕末の頃の歴史の話ですが、当時、幕府にはフランスが付いていて、薩長にイギリスが付いて、それでフランスとイギリスの権力争いがあったと。日本という市場をどうするかという両国の争いの中で、いよいよ戦争が始まりそうだという時に、幕府方が導入したフランス式訓練が、右向け右とか、行進とかだった。それが地方まで、津々浦々に広まっていって、結局今でも学校でやっている起立、礼、着席みたいなことが重視される教育の原型がそこから始まったというんですね。

近代化以前の日本は、みんな揃って何かやるのはとても苦手な人たちが多かったと思うんです。そもそも整列するとか、そんな文化はないわけですよ。近代国家を作るために、統制するための訓練が入っていって、その後、日露戦争や第二次世界大戦を経て、それがなぜか学校の中に残って、ますます従順な子どもたちを育てる形に教育がなってしまっている。日本は外国から学んだものをいつまでも手放していないってことなんですよね。

植松　進化しないということでは、僕は火縄銃のことを思いますね。戦国時代から使われるようになって、江戸末期になると、信じられないぐらい精度の高い銃身を作れるようになったんです。弾が出る筒の部分がまっすぐなわけです。

外国人はそれを見てすごくビックリして、これ、どうやってここまでまっすぐに作ってんのって話になって、みんな褒め称えてくれたんだけど、でもなぜ点火する部分がいまだに火縄なのかと（笑）。点火方法は200年前から変わっていなかった。形を突き詰めることはできたんだけど、抜本的改良になっていなかったというところも日本的ですね。当時、すでに世界は連発式になってました。

自ら変わっていないということでは、僕は、きっと日本は民主主義もコピーした国なんだろうなと思っていて、というのも、民主主義はいまだに日本で自発的には生まれていない感じがするんですよね。

工藤　全く同感ですね。

植松　日本では学校でも家庭でも基本的に「決まりを守りなさい」しか学ばないんですよね。決まりの意味を考えてアップデートすることをぜんぜんやってこなかった。理不尽な決まりも我慢することが美徳のようになっていますから、そこから民主主義なんか生まれてくるわけがないですよね。

工藤　民主主義については、熊本大学の苫野一徳さんと一緒に作った書籍『子どもたちに民主主義を教えよう』（あさま社）にも書いたんですけど、ヨーロッパは相当に悲惨な戦争を経験したわけです。そこで本当にそれまでとは違う、より人々が幸せになるための民主主義を作らないといけないと考えたんだと思うんです。第二次世界大戦の時の兵器の科学技術レベルはすでにかなりの破壊力のものになっていて、当時の世界人口は20億人程度と言われていますが、そのうちの8000万人ぐらいの方々が被害を受けたと言われています。ヨーロッパ中、多くの町が焼け野原になってしまいました。1万年以上前からずっと戦争を繰り返してきたヨーロッパの人々にとっても、これは過去の戦争とは比べ物にならないほどの恐怖を味わったのだと思います。その流れの中で、シティズンシップ（市民）教育が始まったんですね。人はみんな違っているのだから、そもそも対立が起こるという前提で、その対立を解決するために、各自の感情とは別に、互いの共通の目的に着目することによって合意点を見つけ出すという対話力を育てなくてはいけないと考えた。これがまさにこれから僕たちが進化させていかなければならない民主主義の教育です。これを子どものうちから育てていくと、社会の成熟度は全く違ってきますね。

「してもらう幸せ、する幸せ」

植松　そうですよね。やっぱり主体的に考えられるかどうかがものすごく重要ですね。先に「してもらう幸せ」と「する幸せ」についてお話ししましたが、やっぱりそこです。

「してもらう」ことばかり学んでしまうのは危険です。なぜなら「してもらう」って最終的には「奪う」になってしまう可能性が高いからです。例えば、「チョコレートちょうだい、チョコレートちょうだい」って言って、いつまでお願いしてもくれなかったら、「くれない奴が悪い！」という気持ちが湧いてきて、やがて、目を盗んで持っていくみたいになってしまうことがあります。そうではなくて、「する」ということが大切で、自分は何ができるんだろうと考えて、チョコレートを食べたいなら、それを実現するために自分は何をしないといけないかが、まずは第一歩という気がするんです。

工藤　そう。「してもらう」ではなくて、「する」なんですよね。今、横浜創英でもそのことを意識して、授業でも、自分に合った学び方を子どもたちが自ら選ぶことに取り組んでいます。こういう自己決定を繰り返していかないといけないんですよね。

まさに子どもたちにとって、学校とは社会そのもので、教室は世の中の縮図です。そこにおける教員の役割は、学級や学校をコントロールすることではなくて、子どもたちの手に委ねて、その試行錯誤を見守り、危ないことになりそうだったら、上手に手を差し伸べることなんですよね。当然、そこでは、どのように手を差し伸べるかが重要になってくるわけですが、そのベースに置かなくてはいけないのが民主主義です。

例えば、僕は、子どもたちにはこう話しています。「学校という、この社会は君たちのものだよ。この社会で、みんなそれぞれが自由に生きようとすると、必ずそこにぶつかり合いが起こる。その時は、誰一人置き去りにしない方法を探すために、みんなで対話して解決していくようにしよう。そこで、多数決は使わないでね。マイノリティを切り捨ててしまうことになるから」と言っています。

これからの新しい学校像は、民主主義を経験する場所として位置付けることが必要です。この位置付けなしに、学校や、その先にある社会は決して良くならないと僕は思っています。

植松 共感します。僕はそれを会社でやっているんですよね。「この会社はみんなのもんだからね」という話をよくしています。僕はみんなが稼いだお金をどこに集中して使うかのコントロールはちょっとするけど、でも、基本的に仕事の進め方はみんなの判断でいいんだよと伝えています。後は僕がみんなの前で民主的な判断をする姿を見せるしかないんだろうなって。このことが分かっている人が増えていけば、きっと民主的な会社ができると思うんですよ。

工藤　学校の教員集団も実は全く同じなんです。僕の学校経営は同じことを目指しています。全員が当事者になって、何のために教育があるのかという、最上位目標で合意できたら、子どもたちにこんな支援をしないといけないということが分かり、教員それぞれの役割は、子どもたちを社会とつないだり、子どもたちが学校を自主運営していく方法を編み出したりすることになります。
うちは私学ですが、公務員には評価システムがあって、公立学校の教員はこれに縛られています。僕は教員には評価システムはそぐわないと感じていますが、これについては地方公務員法に評価をしなさいということが明確に定まっています。適切に業務が行われているかどうかを確認することは必要だけど、この評価は、法律で定められて、公務員だと給与にまで影響するんです。

植松　僕は評価がものすごく嫌です。だから、基本的にうちの会社でプラスに評価する部分があるとすれば、どれだけ新しい人と会ったかと、どれだけ新しいことをやったかということですね。後はうちの会社の給料は基本的にその人の家族構成とかを基に決めていて、生活するのに困らないだけの給料を払うようにしてるんです。

「植松電機のベーシックインカム」

工藤　「ベーシックインカム」ですよね。先ほども触れておられましたし、植松さんから同じ話を以前もお聞きしましたけど、こんな考え方があるのかと本当にビックリしました。

植松　僕は日本の給与体系には問題があるように感じています。日本では「時間給」を制度にしている会社が多いです。でも、時間給は「誰がやっても時間当たりの成果が同じ」仕事の時だけ有効です。時間給では「人より頑張ると損をする」ことになります。だから、仕事の能率を上げるモチベーションが生まれないです。だらだら仕事した方が楽です。だからさぼる人が出てくるんですよね。「能力給」にも問題があります。この制度だと、家族が病気になったり、自分が怪我をしたりして、働くことができなくなると給料が出ません。これでは安心できません。だから僕は、最低限の所得保障をする「ベーシックインカム」の給料制度がいいと思っています。でも、「ベーシックインカムになったらどうする？」と日本の学生に質問すると、「お金がもらえるなら働かない」と言うことがあるんですね。かたや外国の学生は、「生活の心配がないなら思いっきり挑戦できる」という意見でした。このモチベーションの違いも、とても大きな問題だと思っています。

それに加えて、企業経営では現金以外の「知恵と経験と人脈」の価値を信じて投資することが大事だと思っています。僕は、自分の会社を今よりももっと大きくしたい、大金を稼ぎたいとは思っていません。それに技術や科学は、困っている人を助けるためにあるのだと思っています。

それで、評価のことに戻りますと、会社で僕は基本的には褒めていなくて、とにかく感謝だけして、「こんなことできるんだ、ありがとうね」って言うようにしています。僕は「エライね」とかのように、「褒める」って評価のような気がするんです。

工藤 褒め方って、実際難しいですよね。

植松 難しいですよね。うかつに褒めると、そこで成長が止まる可能性がありますから。ロケット教室でも、子どもたちが作っているのを見て歩くわけですけども、この時に僕も「きれいだね」とか「すごいね」とかって言わないようにしているんですよ。「この糊の付け方いいね、ばっちりくっついてるよ」とか、他の子たちもなるほどね、と思えるくらいの感じで言った方がいいですよね。それで、みんながそれにつられていくみたいな。「このデザインいいね」って言ったりすると、他の子たちのがっかり感が伝わってくるんですよね。自分のは言われなかったのにという感じになる。

工藤　ああ、よく分かります。教員が生徒を褒める時も、こんな風だったらいいですね。以前、僕が教育委員会にいた時に、ある新任教員の授業に指導主事として指導助言をしなくてはいけないことがあったんです。新人の授業を教育委員会の指導主事が見るということになると、多くの学校ではわざわざその新任教員の授業を5校時目にセットして、そのクラス以外の子どもたちはお昼の給食後に下校させて、全教員でその新人教員の授業を見たりするんです。それで、授業後に全員参加の協議会が始まって、この授業はどうだったかと検討が始まるわけです。新任教員は気の毒ですよね。

植松　何だか公開で処刑されるみたいですね。

工藤　それで、立場上、僕が教育委員会の指導主事として、最後に助言するわけです。当然、やるべきことは、いいところを見つけて改善意欲につなげてあげることなんですが、そうすると残念ながら次の日から、あの先生はなんで褒められるんだとか、他の教員からやっかみが始まったりすることがあるんですよ。

職員室での日ごろの人間関係とか、その先生の様子は、校長や副校長からの情報だけでは分からないことも多いし、評価するのは難しいものです。褒め方では、こういうのはどうですか。「これ、僕好きだな」っていうのは。

植松　いいですよね。「僕もこれ好きだよ」って話をして、同時に「僕、こっちも好きだけどね」という感じにしていますね。「こういう自由なデザインってよく描けないいんだよね、僕はどうしても定規を使いたくなっちゃうんだよね」とか言いますね。また、会社の人たちによく、「うどんとラーメンの喧嘩はしないでね」って話をしています。「僕はうどんが好きです」「私はラーメンが好きです」というレベルは、それぞれ好きで、それぞれ美味いということで、それはどちらであってもいい。好きなら好きでいいんだけど、たまにそれで揉めてる人たちがいるんですよね。

工藤　むしろ、それは分かりやすい事例かもしれません。学校でも、そういうことはよくあります。この行事をやめるか、あるいはやめないかといったこともそうです。例えば、修学旅行に行く時に、いまだにお小遣いは何千円にしようとか、そんな会議をしている学校があるんですよ。そのことに時間を使う無駄さ加減が分からないんですよね。

植松 やらなくてもいい無駄な仕事を作ってる人はいますよね。マイルーチン（習慣）というか、無意識のなせる技というか。うちの会社でも、雪がものすごく降っている時に雪かきをする人がいたんですよね。それは無駄だからやめた方がいいよって言いました。こんなに降ってると、もっと積もっていくから、明日いっぺんにやろうよって。きっとその人の中では、雪が降ったら雪かきをする、というルールがあったんでしょうね。

工藤 作ったルールに縛られるんですよね。先に話した通り、決まり事を守ることと、決まり事を現実に合わせて変えていくことは別ですよね。日本はそこをやっぱり議論しません。「決まり事は守れ」で止まってしまう。そういうことを考えないのも、日本の教育の問題点だと思いますね。

植松　それと似ている勘違いがあって、前に行った学校で、紙飛行機を作って飛ばすのをやろうとしたら禁止と言われて、なぜかと尋ねたら、「荒れている学校では、紙飛行機が飛ぶ」から「紙飛行機を飛ばしたら、学校が荒れる」って言われたりとかですね（笑）。これをひっくりかえすと無理があるよって思うのですが。今なら、「給料を上げたら、景気が良くなる」と思っている人たちがいるみたいですけど、「景気が良くなった結果、給料が上がっている」のであって、不可逆反応を無理やり可逆反応として考えてる人が多いなって。

工藤　そうですね。植松さんと話をすればするほど、日本の教室で行われている、いろんなことが思い出されます。誰かが正しいと思って作ったルールを、これは本当なのかと考えるのが教育のあるべき姿で、学校の先生は、今目の前にあるものを当たり前だと思って子どもたちに教え込むのではなくて、みんなで一緒に考えてみないかと言える人たちでないといけないですよね。日本はまだその訓練が十分にできていないので、日本のメディアも含めて、いまだに二項対立で議論されることが多く、結果として、いつまでたっても課題解決が前に進みません。国会での議論もあまりにも稚拙に見えることがありますが、結局は議員自身が民主的な対話の方法を学んだことがないからです。そしてこのことは日本の学校が民主主義を教えるには、まだまだ幼いということを示しています。

次の章では、植松さんの教育への取り組みを伺いながら、どういう方向を目指していけばよいかを考えていきたいと思います。

第3章

子どもを育てる
―その子らしさを活かす

「色とりどりの子どもたち」

工藤　植松さんは、いろんな形で教育や学校に関わっていますよね。横浜創英でも開催してもらいましたけど、ロケット教室もされていますし、それ以外でも専門学校や大学での授業、それにスーパーサイエンスハイスクールにも関わっています。

以前、麹町中でロケット教室をしてくださった時、植松さんは確か「麹町中の子どもたちってみんな色が違いますね」と語ってくれました。そのことが印象に残っています。

植松　そうでした。なぜ色で例えたかというと、僕はその頃から全国の学校に呼ばれる機会が増えて、いろんな学校に行っていたのですが、最近の子どもは「真っ黒け」な印象の子たちばかりだなと、そのことが気になっていたんです。どういうことかというと、僕が子どもたちの前でさまざまな話をしても、うんともすんとも言わなくて、何にも反応がないことが多いんです。まるで、モノクロの絵に向かって話しているのかなと思うくらいです。せっかく話をしに行ってもやりがいが感じられないこともありました。

工藤 なるほど。「真っ黒け」なくらい、子どもたちの反応がなかったんですね。植松さんに麹町中で講演をしてもらったのは、僕が麹町中の校長として最後の年の子どもたちですから、無反応とは全く真逆ですよね。とても素直に、感じたままを表現していたのだと思います。

植松 そうなんです。あの時の麹町中の子どもたちは今でも覚えていますが、僕の話を聞いて笑う子、真剣な表情を見せる子、顔をしかめる子と、リアクションがさまざまで、面白いなあと感じながら話していました。壇上から子どもたちの顔を見ていると色とりどりだったので、とても印象に残っています。

工藤　麹町中では、外部からたくさんの講師をお招きしてお話を伺っていたのですが、当時の子どもたちの反応は、面白ければ聞きますし、難しい話だと感じたらすぐに寝てしまうこともあったと思います。「お客さんが来るから姿勢を正しくしなさい。人の話はきちんと聞くように」といった事前指導は一切していませんでしたから、中には失礼な態度に見える生徒もいたかと思います。でも、みんなすぐに植松さんの話に引き込まれていましたね。生徒たちは、いろんな機会に、多くの講師の方々の話を聞いたりしていましたが、特に植松さんのお話には抜群の反応でしたね。中学生にとって、植松さんのように、夢を持って行動する、本物の素敵な大人に出会えることは宝物のような、非常に貴重な時間だったのではないかと思います。

植松　そうでしたか。もしそうだったとしたら、とても嬉しいですね。あの日は講演が終わってから子どもたちと一緒に校庭でロケットを打ち上げました。風のない快晴で素晴らしいロケット日和でしたね。ロケットが無事に打ち上がった後に何人かの生徒が僕のところに来てくれて、ロケットのことから、自分の好きなことまでいろいろと話をしてくれたんです。中には「植松電機で働きたい」と言ってくれる子もいて、嬉しかったです。最近、大学生に「趣味は何？」「何が好き？」と聞いても「別に」とそっけなく言う人が割と多いんです。でも、そんな学生さんにもよくよく話を聞いていくと、実は好きなことはあるんだけれど、それを言うと周りからあれこれ言われるから言わないようにしている、といったことがあるみたいです。だから中学生の皆さんが、自分の好きなことを一生懸命、僕に話してくれたことはとても嬉しかったです。

工藤　横浜創英で子どもたちがロケットを飛ばした時も、みんな最高に嬉しそうな表情を見せてくれていましたね。

植松　子どもたちは、本当はみんな素直なんですよね。以前、ロケット教室で、やんちゃな子たちが多い学校に行ったことがあったんです。その時は、訪問する前から先生方に「うちは生徒が荒れているので、失礼なことがあるかと思います」と言われていました。確かに講演中も指笛を吹く子がいたり、足踏みをするる子がいたりと、それはとてもにぎやかなものでした。

それで講演後、ロケットを作ることになったらさっきまでの威勢はどこへやら、にぎやかにしていた子たちが何も作らないんです。「どうしたの？」と聞いたら、「俺、バカだから作れない」と言うんです。そこで僕が「そうかい？」と言って、「でも、この説明書を一生懸命書いたからさ、絵いっぱい使っているから、この絵のこの部品を探してみな」と言うと、手が動き出しました。そうこうしているうちにしっかり完成させていたので、次に「あっちの彼を見てごらん。彼はまだできていないよ。困っているよ。教えてあげたら？」と言うと、その子が「分からないやつ、俺に聞きに来い」と言い出して、友達を集めるわけです。結局、その子の手伝いもあって全員が完成させました。

いよいよ校庭に出てそのロケットを飛ばすことになったら、またその子たちは最後の最後まで飛ばさないんです。黙って見ていると、全員が帰った後に自分たちだけでロケットを飛ばし始めました。たぶん、ものすごく不安だったのではないかなと思います。

その後、僕が片付けをしていたら姿が見えなくなったので、もう少し彼らと会話をしたかったなと思っていたら、体育館に出しっぱなしになった僕の荷物を全部片付けてくれて、車まで運んでくれていたんです。これは嬉しかったですね。結局、彼らはとても親切で、すごく優しい子たちだったんです。この子たちを見た目で判断し、「荒れている」と一括りにしているのは教師ではないかと思いました。一人ひとりの個性を尊重して接していれば、いいところが必ず見えてきます。周りの大人がもっと気を付けて接してあげればと思ったんですよね。

工藤　その子たちがどこで「荒れている」という見方で一括りにされてしまったのかは分かりませんが、やる気を失った子どもたちに声を掛けずにそのままにしておいたら、おそらくずっとロケットを作らなかったでしょうね。でも、植松さんが気付いて、声を掛けるアクションを起こしたことで、それがきっかけになってその生徒たちも動き出すことができたのだと思います。植松さんに寄り添ってもらったことで、何か気持ちが動いたのでしょうね。彼らにとって重要な出来事だったと思います。

植松　どうして僕が彼らのような子どもに声を掛けるかと言うと、僕も同じような経験があるからなんです。僕は子どもの頃から図鑑が大好きで、内容をほぼ丸暗記するほど読んでいました。それを多くの周りの大人は褒めてくれました。

しかし、学校の先生は違いました。「お前は成績が悪いんだから、そんなくだらないものなんて読んでいないで、勉強しろ！」「飛行機の名前をいくら覚えたって、社会では何の役にも立たないんだぞ！」と。学校の先生は、僕に学校の勉強以外の好きなことは無駄なことで、意味がないことだと言ったんです。

でも、これってとても恐ろしいことですよね。「主体的な思考の否定」です。自分が好きなことを「くだらない」と否定されて、学校から与えられたものだけが正しいという教育はあってはならないことです。

僕は、数年前から、出会った子どもたちから手紙やメールをもらうことが増えてきたんですけど、そこには小さい頃の僕と同じように、教師に否定された子どもたちの悲痛な叫びが書かれていることがあるんです。今の時代にもまだ学校では「主体的な思考の否定」が行われていて、やりたいことをやらせてもらえないという彼らの嘆きを読むと、僕も心が苦しくなります。

「子どもの興味関心を学びにつなげたい」

工藤　本当は、学校は子どもたちの興味や関心を引き出して、上手に学びにつなげていかないといけないんですよね。子どもは自己決定を繰り返していくことで、自信がつくし、一層主体的になれます。大人は子どものやりたいことを頭ごなしに否定するのではなく、学び方も含め、どうしたいのかを本人に決定させていくことが大切です。決定できない子には、とりあえず選択肢を与えて選ばせていくことから始めたいですね。

今の子どもたちは一方的に与えられた勉強をこなすことばかりで、ゆっくり考えたり、何かを想像する時間が足りません。だからこそ植松さんのような社会で活躍する魅力的な方々が「大丈夫！　こうやって考えてもいいんだよ」「世の中ってこんなに楽しいよ」と語ってくれる機会を作ってきました。そうした話を聞いた子どもたちの目は、本当にキラキラするんですよね。「大人になったらこんなことができるのか」「こんな世界もあるのか」と新たに開いた扉にワクワクしていることがこちらにも伝わってきます。

それまで学校に通う意味が分からないと疑問を抱いていた子たちが「自分のやりたいことを追求していいんだ」「学校は社会を変えるために学ぶ場所なんだ」と感じることで、学ぶことへの意義付けもできてくるんじゃないかと思っています。

植松　それってとても大切なことですよね。学校はただひたすら与えられた勉強をこなすためのところではない、ということをもっと学校や先生方が子どもたちに教えてあげてほしいですね。

今の子どもたちはゆっくり考えたり、想像する時間がないということから思い出したことがあります。昔からPlan（計画）、Do（実行）、Check（評価）、Action（改善）の頭文字を取ったPDCAサイクルがありますが、これはP、D、C、Aの流れをぐるぐる回すことに意味があるのにもかかわらず、1回転もしていない人がたくさんいるんです。P（計画）で止まってしまうんですね。あるいはPすらできない。

なぜそうなってしまうかと言うと、情報がたくさんありすぎて、何をやればいいか分からなくて、立ちすくんでしまうからです。そこでもとりあえずやってみようというDをやればいいのだけど、考えるだけで動かないから、うまくPDCAサイクルが回せないというわけです。これは子どもだけの問題ではなくて、大人でもそういう人はたくさんいると思います。大人がそんな状態では、子どもに何かを教えることなんて不可能です。

工藤　同感です。Ｐで止まってしまうのは、そもそもの目的が明確になっていないからですよね。日本中のどの学校でもやっていることですが、子どもたちに大人の都合でプランを立てさせることもやめた方がいいです。年度初めの今年の抱負や学期ごとに書かせる目標を教室に掲示したりなど、大きなお世話もいいところです。そもそも、子どもたち一人ひとりの状況は異なりますし、夢や希望もさまざまです。今の日本の学校教育では、学校目標からクラスの目標、個人の目標までいろいろと立てさせようとしますが、ほとんど「お飾り」ですよね。形を作ることが目的になっていることが問題ですね。

植松　形だけで終わっていることと言えば、テストも本気で見直す時期にきていると思います。小、中、高と、「教えられたことを覚える」やり方しか学んでいない子どもたちは、大人になっても「人から教えてもらおう」「教えられたことを覚えよう」とします。それは「思考」からはほど遠いです。テストも、あらかじめ決められたことを答えさせているだけなので、いつまでも教えを乞う姿勢でいれば、自由に探求できる高校や大学に進学しても、自分で考えないので、せっかくのチャンスをものにできないまま卒業です。そしてそのまま社会に出てしまいます。

日本ではテストをするときにマークシートをたくさん使います。これは、採点を容易にするために使われることが多いのですが、「正しいものを選べ」「当てはまる単語を入れよ」では簡単に「答え」が導かれてしまいます。このやり方に慣れてしまうと最初に身に付くのは消去法です。たくさんの選択肢から「これ、ないわ」と外していくことで正解が導けてしまいます。さらに言うと、「選択肢」を与えられないと答えを出すことができなくなってしまいます。

「暗記」もまた然りです。まだ日本のテストの多くは、「暗記の量と正確さ」を測るものになっています。これも、「思考」とはほど遠いものです。確かに暗記の量と正確さが重要だった時代もありました。今ほど印刷技術がなく、書物が高価で貴重だった時代にはその技術が必要でした。しかしそれは今から千年くらい前の話です。現代では、膨大な情報がオンデマンドで手に入ります。今や暗記に頼ってする仕事などないと言い切ってもいいかもしれない時代に突入しています。

むしろ今必要なことは、膨大な情報を活用する能力です。けれど日本では「ネットもスマホも危険だから、見てはいけません」と言って情報を処理する能力を削いでいく方向で指導しがちです。これでは世界との教育格差は開く一方です。これでは優秀な人材が生まれてきません。

「雑談が弾む、優しい人を育てたい」

植松　僕は会社を経営しているので「どんな人材が欲しいですか?」という質問をよく受けます。そんな時、僕は「雑談が弾む人。いい文章が書ける人。優しい人」と答えています。雑談が弾む人、いい文章が書ける人は、間違いなく地頭がいいです。人間は言語で思考します。だから、言語がたくさんあるほど思考も深くなっていきます。そして、その頭の良さを生かすのが「優しさ」だと思っています。こういう人たちは、自分からどんどん学び、世の中の問題を解決しようとしてくれます。こういう人たちを学校では育てていってほしいです。

僕が運営指導で関わっているスーパーサイエンスハイスクールでは、従来型の文系、理系の垣根を超えて、自分で課題を見つけ、自分で研究することを目的として課題研究に取り組んでいます。でもそこで高校生に「課題を見つけてください」というと、思考停止してしまうことがあるんです。これは大学生や社会人でも同じで、学歴を積んできて、勉強してきて能力が高くなったと思われる人ほど、なぜか判断力が低下しているように感じられます。ロケット教室で一番早くロケットを作れるのは小学生です。年齢と学歴が上がれば上がるほどフリーズしてしまいがちです。僕はロケット教室でも、生徒たちにロケットを作ってもらう時に、「作り方は教えないからね」からスタートしています。「こうしなさい」や「ああしなさい」は一切、言いません。むしろ「好きに作ってかまわんからね。時間も自由。トイレに行っても、水を飲んでも構わないよ」

と言います。

次に「分からなかったら調べればいいよ。まずは説明書を見てね」と言います。そして、「それでも分からなかったら、周りを見てね。カンニングし放題だよ。もしくは、誰かに聞いてごらん」と続けます。最後には「ようやくできても、失敗するかもしれないよ。でも、失敗して困ったら助けを求めればいいんだよ。一番大事なことは、見て、聞いて、分かったことを、『教える』ではなくて『しゃべる』だよ」と伝えています。すると子ども同士で「僕はこうやってみた」「私はこうした」と見せ合いっこが始まります。「これはテストじゃないからね。好きにやっていいよ」と言えば、後はものすごい勢いで一生懸命、手を動かし、前に進んでいくんです。

「こうして、ああして」と言うことは一見、きちんと指導しているように見えるかもしれませんが、そうではないんですよね。むしろ見守ることが大事です。「放ったらかす」のですが、一方でちゃんと見ているんです。自分たちで好きなように作れれば、それは自己肯定感にもつながっていきます。そしていよいよロケットができたら、外で飛ばすわけですが、そこでも実は面白い現象が見られます。子どもたちは早く飛ばしたいとワクワクした表情を見せてくれるのですが、僕が試しに1本飛ばしてみると歓声ではなく、どちらかというと〝どよめき〟に近い空気感になります。そして、「あんなに飛ぶと思わなかった……」と言って、ひるむんです。さっきのやんちゃな子たちとおんなじですね。何せ時速200キロを超えるスピードで飛んでいくわけですから、彼らのイメージとはかけ離れたものだったのでしょう。そうなると今度は「僕の作ったロケットはダメかもしれない」「私のはあそこまで飛ばない」と一気に消極的になり、「飛ばしたくない」と言い出したりすることがあります。それでも「さぁ、飛ばしてみるよ！」と背中をポンっと押して、飛ばしてみると、子どもたちの表情が変わってくるんです。「ダメだと思っていたことができた」「できないと思ったことができた」という人間の根源的な喜びの瞬間にロケット教室のたびに立ち会うことができます。これは僕にとって、何ものにも代え難い喜びの瞬間です。

工藤　いいですね。指示や指導をし過ぎずに、ちゃんと寄り添って見守っていることが大切なんですよね。植松さんは、教員たちよりはるかに支援が上手ですね。僕ら教員も、もっと上手に子どもたちの興味や関心を引き出して、子どもたちの自発性や主体性を伸ばしていきたいものです。

「子どもの「好き」は研究開発のもと」

植松　大人は、子どもの「好き」が分かったら、それを否定しないで応援してあげてほしいんですよね。人は好きなことはなんぼでも覚えられます。その好きなことに「読む」「書く」「作る」「調べる」をくっつけたら立派な研究開発になります。

残念なことに子どもだけでなくて、僕たち大人も含めて日本人は年々、「好き」

や「困った」を言葉にすることができなくなってきているように思うんです。だから日本で新しい画期的な仕事が生まれてこなくなっているのだと思います。今、面白いものが全部海外から入ってきているのは、日本人が「好き」を語れず「困った」を言えない教育を受けているからですよね。僕は、「好き」と「困った」が出合ったら新しい仕事が生まれて、その仕事に取り組むことで、人は生活していけると思っているんです。

そのチャンスをこれからの学校は作るべきだと思います。ですから、工藤さんが麹町中や横浜創英で積極的に取り組んできた一連の取り組みは、とても素晴らしいですし、これからも続けていってもらいたいです。

工藤　ありがとうございます。横浜創英でも、子どもたち自身が、自分たちで学ぶ方法を選んだり、子どもたち同士で学び合う環境をもっと充実させていきたいと思っています。そして僕らのこの取り組みが日本中の学校に横展開できたら嬉しいですね。

今、多くの学校で本質的な学校改革が進み始めていますから、近い将来、日本や世界をあっと言わせるような、新しいものを創り出せる子どもたちが出てくるんじゃないですかね。

植松　楽しみですね。でも、実は学校だけが頑張っていてもダメで、家庭にも問題はあるんです。ロケット教室をしていると、そういうことも見えてくるんです。以前はロケット教室に親子で参加する人が多かったんです。そこでは、子どもがロケットを作って、親が見守るはずなんですけど、僕が見ていると、親が「ほら、説明書ちゃんと読みなさい！」「勝手なことするんじゃない！　分からなかったら先生に聞きなさい！」「あ？　ちがうちがう！」「ほら失敗した。もうダメだ。あんたのせいだからね。母さん知らないよ」なんて言っている親が何と多かったことか。お父さんに至っては、子どもにやらせなくて、ロケットをお父さん自身が作っていたりします。

ある時、そんなお母さんの一人に、「この子は自分で何にも考えないから失敗するんです。何か言ってやってください！」と言われたことがありました。子どもは目を伏せて泣きそうです。だから僕は、「そりゃ、お母さんの言い方がよくないわ。子どもが考えられなくしてるもん。好きにやらせたらいいよ」と言ったらお母さんはビックリしていたんですよね。そしてその子には「どんなことが起きたって、失敗したって、必ず直せる。人間が作ったものは人間が直せるんだよ。好きなようにやってごらん、それで困ったらいつでも相談して」と言ったら、子どもの顔が輝きました。

もちろんロケットは大成功です。引っ込み思案だったその子は、他の子を助けるようになっていました。だから今では、ロケット製作は、親も子も1機ずつ作ってもらうか、作らない親は部屋の外にいるようにしてもらっています。

工藤 何だか目に浮かぶような光景ですね。親が先回りして、どんどんやってしまうと、子どもが自分で考えたり、リスクを取って挑戦したりということができなくなってしまうんですよね。どんな小さなことでも自己決定させることが重要です。それをさせていかないと、自分が何をしたいのか、もしくはしたいことがあるのに、それを言えない子になってしまいます。そういう子は自己肯定感も低かったりするので、「リハビリ」から始めるしかなくなるんですよね。教師や保護者を含め、大人が子どもを応援できるようになりたいものです。

植松　でも家庭でも学校でも、大人が先回りして、何でも大人が準備するような「サービス提供型」の教育をし続けていたら、工藤さんみたいな考え方にはならないですね。工藤さんがいろんなところで話している通り、子どもたちが「自分たちで、自分たちの社会を作るんだ」という考えにならないと、何か問題が起こっても、自分たちで改善しようではなくて、誰かに何とかしてもらうとか、そのうち誰も解決してくれないとか言って、人のせいばかりにしてしまう世の中になってしまいます。

工藤　まさにその通りです。言われたことは確実にこなせるけど、自分で決められない子を作ってしまうんですよね。そういう子は「何をすればいいですか」が口癖で、一見、人の言うことをよく聞く子、いわゆる「素直な子」なんですが、自己決定を積み重ねないで来てしまったために、自分で物事を決められないことがあります。いったんそうなってしまった子を変えていくためには、その子自身が、自分自身を俯瞰して見る力をつけていく必要があるんですよね。

子ども同士のトラブル解決も同じです。誰かと争いになったときに、誰かが何とかしてくれる、ではなく、自分はどうするかという意識が芽生えていたら、とにかく自分で何とかしようと考えると思うんです。例えば、何かトラブルがあったとして、まず相手に対して謝ることのリスクと、謝らなかった時のリスクを天秤にかけますよね。それで天秤にかけてみて、本当は謝りたくはないけれど、明日からクラスで一緒に過ごすのに雰囲気が悪いのは嫌だな、ここで謝った方がいいかもしれないなと、自分の中で考えて選択することができるようになっていきます。この経験を一度でもすると、こうした行動を繰り返すことができるようになって、次第に自分で考えて判断し行動できる子へと変化していきます。

植松　俯瞰するというのは、メタ認知能力ですね。これはなかなか大人でもできない、難しいことです。

工藤　そうですね。日本の教育ではほとんど教えてこなかったことですから。これまでの教育は何かトラブルが起きると、保護者も教員も「とにかく反省しなさい」となりがちでした。子どもに反省させて、それで終わりということが多かったですよね。

植松　でも反省だけだと改善につながらないですよね。僕もロケットが失敗した時、記者会見で失敗の原因と解決策と次のアイデアを話したら、記者から「反省の色がない！」と言われました。「反省の色って何色ですか」って言い返したくなりましたが、さすがに僕も大人ですから言わなかったです（笑）。反省は「お辞儀の角度×お辞儀の時間＋涙」だと思ってる人って多いですよね。

工藤　自責や他責をせずに、ありのままを受け入れて、どうすれば改善につながるのかを考えていく習慣こそが成長を促すのだと思います。まさに、植松さんの言う「だったら、こうしてみたら」で改善していくことですよね。

第4章

社会を変えていく学校
――上手に失敗できる場所に

「子どもの人権を守る環境」

工藤　前章では、植松さんのロケット教室の取り組みを中心にお話を伺ってきました。僕も、麹町中や横浜創英でいろんなことに取り組んできましたが、そのベースにあったのは人権が守られた優しい学校づくりです。全ての子どもたち自身がありのままで、その子らしさをなくすことなく、同時に誰一人置き去りにされない社会を作るために学校は何をしなければならないか、どういった場所であるべきかを常に考えてきました。
もう20年ほど前になりますが、目黒区教育委員会に勤務している時に、植松さんも指導者の資格を持っておられるＣＡＰ（Ｃｈｉｌｄ　Ａｓｓａｕｌｔ　Ｐｒｅｖｅｎｔｉｏｎ　子どもへの暴力防止）を、区議会の応援を得て区内の全小学校に導入しました。これは、今でも目黒区で取り組んでくれていると思います。残念ながら、当時も親やその他の大人から被害を受ける子どもたちがいることが話題になっていて、子どもたち自身に「自分を守る方法」を教えようと始めたことなんです。

植松　自分の身を守る方法を持っているのは、とっても大切なことですよね。それでその子の人生がずいぶん違ってきますから。家庭でも、例えば小さな頃から親に叱られ続けると、大人になってもあらゆるところで弊害を生みそうです。工藤さんもよくご存じかと思いますが、僕も関わっているCAPの活動では、子どもたちを暴力から守るためのプログラムとして、次のようなことを学びます。

- 自分の安心と自信と自由が脅かされる状態が暴力
- 暴力には抗うことができる
- でも、そのときに相手の安心と自信と自由を奪ってはいけない
- その方法は、「NO、GO、TELL」
- 「嫌だ！」って言っていい

・その場を離れたり、距離を取ったりしてもいい
・信頼できる人に相談する
・告げ口と相談は違う
・告げ口は、相手を貶めるためにすること
・相談は、状態をよくするためにすること

学校でも、こういう感覚を普通のものとしたいですよね。

僕はこの世からいじめや暴力、児童虐待を本気でなくしたいと思っています。人の自信と可能性が奪われない社会を作りたいんです。

大人もストレスにさらされることが多い時代だから、社会全体が、みんなイライラしているのかもしれませんけど、僕もかつて、会社のお客さんから、商品の不具合のことで、「今すぐ来て土下座しろ！」と言われたりしました。でも、いくら土下座しても問題は解決しないんですよね。僕はいつも「頭はいくらでも下げますが、大事なことは問題を解決するためにどうするかですよね」と問い掛けてきました。

そもそも、人は、怒ると冷静な判断ができなくなります。相手をやっつけたくなったり、物を破壊したくなったりもします。そんな時はまずは深呼吸をしながら、「結局のところ、自分はどうしたかったのか？」と思い直すといいと思います。そして、合理的で低コストな解決策を考える方がいいんですよね。暴力事件を起こした人は「ついカーッとなって」という言葉を言うことがあるそうです。それ以外にも、すぐに「訴えてやる」「裁判だ！」と言う人もいます。その方法が必要な場合もありますが、たいていの場合はかかるコストと得られる対価を考えたら、あんまり効率的とは言えないことが多いです。

工藤　そうなんですよね。感情は横に置いて冷静な判断をしないといけないのですが、それができていない大人は至るところで目にしますね。残念ながら、日本中の学校でも、まだ部活動などで怒鳴りつける人がいます。でも、怒鳴る方も怒鳴られる方もどちらにとっても何もいいことはないんですよね。怒鳴ることによって起こるストレス過剰状態では、脳の「思考」を司る部位や「不適切な発言や行動」をコントロールする部位、そして「感情」をコントロールする部位の機能が著しく低下し、限度を超えると機能が停止してしまうそうです。自分で自分をコントロールできなくなる状態、簡単に言えば、日ごろの自分じゃなくなってしまうということです。

さらに問題なのは、こんな体験を繰り返していると、脳に「くせ」のようなものが付いてしまいます。分かりやすく言えば、ちょっとしたきっかけでキレやすくなるということですかね。虐待を受けた子どもが親になって虐待をしてしまうという負の連鎖もこうしたことが原因の一つなんだと思います。こうした負の連鎖を止めるためにもCAPのような学びは大切だと思います。子どもたちが被害に遭わないようにすることや、すでに傷ついた子どもたちを救っていくことができれば、おのずと社会全体も変わっていくことになりますね。

「学校は理不尽の解決を教える場所」

植松 本来ならば、学校は理不尽に耐えることではなくて、その解決の仕方を教えるべきなんですよね。それをやらないで、いつまでも「よく分からないけれど、言われたことをやらされている」という昭和の処世術を学ばされて、結果として経験を避け、自信が持てない、その上、問題を解決できない子どもがたくさん作られてしまったようにも思うんです。

そうなると、トラブルが発生した時も粘らないで、「しょうがない」とすぐに諦めてしまう子になります。これも爪と牙を抜いてしまった教育の結果のようにも感じます。僕は若者たちに「納得いかない!」と、もっと抗ってほしいですね。

日本では、我慢は美徳のように言われがちですけど、これも違いますよね。我慢は苦しい状態に耐えているだけで、頑張って我慢していることは努力だと思ってしまう人が少なくないです。でも実は、それでは何もしていません。耐えているだけです。状態は一つもよくならないです。確かに我慢も必要な時がありますす。でも、その時にも、「どうやったら解決できるかな」を考えてもがくことがすごく大事です。最近はそういう人が少なくなったような気がします。僕は、これは学校が「諦め方」を教えてきたからではないかと思っています。

僕は小さい頃から先生とうまくいかなかったんですよね。なぜなら、当時の学校の先生の中には矛盾したことを言う人がいて、その矛盾点を「おかしい」と指摘すると、先生はすごく怒ったからです。でも僕は、納得がいかないことを怒りや暴力でごまかそうとすることも納得いかなかったんですよね。そんなだから、今思えば僕は先生から嫌われていたのだと思います。でも、この「納得いかない」は、やっぱり僕の行動の原点だと思っています。

工藤　目の前のことに「納得いかない」という疑問を持って、それを解決することが植松さんの会社ではいろんなことを発明することにもつながっているんですね。

植松　ええ。「このままでいいのかな?」「ダメだよな?」って思ったら、工夫や改良をしないわけにはいかないのです。それが、いろんなアイデアや発明になって、今の僕の会社があるのだと思います。だから僕は、「納得しない」ってやっぱり大事なことだと思っています。

工藤　「納得できない」ことをそのままにしないで、植松さんの言う「だったらこうしてみれば」という観点で改善することは大切ですね。
例えば、最近は、学校でもGIGAスクール構想で一人一台端末で学校でもパソコンやタブレットを活用して学べるようになっています。でも、そこで「タブレットやスマホの見過ぎは体に毒だから使わない方がいい」という意見が出てきたりします。本当にそうでしょうか。学ぶためのタブレットが有効に使えて、必要としている発達障がいの子どもが目の前にいたとして、その子に「タブレットは使ってはいけない」と言えるわけがないですよね。モニターのブルーライトについては、そういうものをカットするフィルターや眼鏡もあります。それらを使えばいいんですよね。

オンライン授業も同じです。「オンライン授業はリアル授業よりも劣る」と言う人がいますが、では、オンラインでしか授業を受けられない、病室にいる院内学級の子どもたちや、教室に入れない子たちは受けさせてもらえないのでしょうか。他にも、目が不自由であったり、耳が不自由な子たちがいる中で、当たり前のように「健康のために」という言葉を使うことが、教育の世界ではあまりにも多いですよね。誰一人置き去りにしない学びを実現するために、困っている子や、障害のある子のことを傍にいるものとする感覚を研ぎ澄ませていくのが教員の仕事であって、それが世の中の先頭に立つということなんですけれど。

植松　教育って、社会に対して、最も影響力がある仕事ですから、そういう感覚が大切ですよね。時々耳にする言葉ですが、「いじめられた方にも原因がある」という言葉があります。なんてひどい考え方だろうと思います。

事故にしても、何にしても、単一の原因で生じることはほとんどありません。たいていの場合は、さまざまな要因が複雑に絡み合って生じています。ですから、「正義」と「悪」のようにきっちり分けて考えることはできないんです。そういう意味では、いじめられた側にも「誘因」があるのでしょう。ただそこで問題なのは、だからといって「暴力を肯定していいのか」ということです。殴られるような理由があったら、殴っていいのでしょうか？　もしも、殴られたら、その理由と暴力の是非の判断は、個人がするのではなくて、裁判を通じて判断されるべきです。なぜなら、個人だと間違う可能性が高いからです。だからこそ、司法制度があります。裁判官、検察官、弁護士がいます。

泥棒に入られた人に対して、「戸締まりが不用心だったからだ」と言う人もいますが、カギがかかっていなかったら、他人の家に入って金品を盗んでいいわけがありません。最近では、企業がコンピューターウイルスに攻撃されると対策をしていなかったとして、被害に遭った企業にペナルティがかけられることがありますが、これも自己責任だという考え方には疑問があります。

工藤　いかなる理由があっても、被害者側が受ける暴力を、仕方がないものだと正当化したり、暴力そのものを許したりしてはいけませんね。全国の学校で、よくある話なんですが、学校に財布を持ってきた子が、つい不注意で机の上に置いたままにして、お金を誰かに盗られたりすることがあるんですね。そうすると、「持ってきた方が悪い」と、盗まれた子どもが叱られることがあるんです。優先すべきは、財布を盗ったり、お金を盗むことがいけないと子どもたちに伝えることですよね。

植松　その通りです。被害者の落ち度ばかりを責めて、加害者の暴力が肯定されたり看過されることは絶対にあってはならないことです。なぜなら、その暴力は誰にでも向けられるし、自分に向かってくる可能性もあるからです。いきなり襲いかかってくる人もいるかもしれません。だから暴力を行使させないだけの防御力があった方がいいのは確かです。でも、防御を充実させるために全員が例えば鎌倉時代のように鎧を着て帯刀するわけにもいきません。だからこそ僕たちはどんな理由があったとしても暴力を肯定しない必要があります。多くの人がそう思えば絶対に変わります。

もしも暴力が発生したのならば、まずすべきは暴力の行使を止めることです。次にすることは復讐ではなく、加害者・被害者を問わず、被害に遭った人の救護です。どんな理由があったとしても、目の前に殴られて血を流している人がいたとして、その人を「日ごろの行いのせいだ。自業自得だ」と放置することはありませんよね。もし、そんなことをしていたら、それは世代を超えて負の遺産として連鎖していきます。

でも、残念なことに、暴力の肯定は、日本では自然に行われています。「しつけには体罰も必要だ」という考えはその最たるものです。また、学校や会社でよく見かけますが、後輩に対しては高圧的、先輩に対しては従順な態度を取ることも、相手によって暴力的行為を使い分けている卑怯なことだと思います。

この風土がある限り、日本では暴力を肯定する人はいなくならないでしょう。だからせめて、間違っていると気が付いた人が、自分だけでも暴力を肯定しない努力が必要です。そもそも、他人の行動を支配してはいけないです。自分だけでも暴力を肯定しないという人が増えたら、世の中も変わっていきます。微力は無力ではありませんから。やっぱり僕は、「納得いかないことは、納得いかん」っていう生き方をしてきてしまったんですよね。だから、学校では、よく先生に「屁理屈を言うな」と言われてました。

工藤　僕もそうですよ。大体、団結を強制されるのは嫌ですし、考えないことを強制する運動会の練習みたいなものほど嫌なものはない。

「法律は時代とともに変えるもの」

植松　いや、本当に行進の練習は心を殺す以外なかった。言うことを聞く人を育てるというので思い出すのは「労働者」のことで、労働基準法の第9条に「労働者」が定義されていて、それによれば、労働者っていうのは使用者の命令に従う人です（第9条の条文：この法律で「労働者」とは、職業の種類を問わず、事業又は事務所〔以下「事業」という。〕に使用される者で、賃金を支払われる者をいう）。だから法律上は、労働者は言うことを聞く、使われる人なんですよ。言うことを聞く人を作るために教育は機能していて、その人たちがまた次の世代の教育をするんですね。それがブラッシュアップされ続けて、究極的に言うことを聞く人が集団になって、今の社会が出来上がっているんです。「言うことを聞く」が研ぎ澄まされてます。

工藤　全くその通りですね。法律のことで言えば、教育基本法の第1条も僕から見ると問題で、教育の目標として「人格の完成を目指し」から入るのですが、そもそも、「人格の完成」って何でしょうか（第1条の条文：教育は、人格の完成を目指し、平和で民主的な国家及び社会の形成者として必要な資質を備えた心身ともに健康な国民の育成を期して行われなければならない）。

しかも、「人格の完成」と条文にあるから、「人格」とは何かという解説書を作る人が出てくるんですよ。解説しないと分からないようなことを法律にするのかって話ですよね。教育基本法の第1条には「心身ともに健康な国民の育成」という部分もあるのですが、生まれながらに障害のある子もいるし、成長する中で病気になってしまう子もいる。「心身ともに健康」って、教育の目的をそこに置いてよいのかと思います。

植松　ある意味、選民思想というか、そこに当てはまらない人は認めないということになっちゃいますよね。

工藤　そうなりますよね。本当は、法律も時代とともに、合っていないところは変えていかないといけないんですよね。法律は「お上が作ったものだから変えられない」という意識は、例えば、明治32（1899）年に「北海道旧土人保護法」

というものが作られて、それが廃止されたのが平成9（1997）年です。こういうところにも表れていますよね。法律ができてからなくなるまでに100年かかっています。ハンセン病もそうですよね。明治40（1907）年に「癩（らい）予防に関する件」という法律ができて、その後、昭和6（1931）年には「癩（らい）予防法」になって、犯罪者でもないのに強制的に在宅の患者も全国に作られた国立療養所へ入所させられました。そもそも「らい病」は隔離するほどの必要はない病気だったわけですが、法律が偏見や差別を助長したんですよね。これが改められたのは平成8（1996）年でした。

植松　僕らもロケットを作っていますけど、僕らがロケットを飛ばす時の火薬の消費許可申請の項目は「発破」なんです。つまりダイナマイトと同じ扱いになるんです。火薬とかの法律なんですけど、その法律が出来た時にはロケットは存在していないんです。だから法律の中にロケットの定義がないんですよ。でもアップデートされないんですよね。しかも、法律の文章って独特の言い回しじゃないですか。非常に分かりにくいし、どうとでも取れる文になっている。

だから、各担当者の解釈一つで結果が変わります。法治国家じゃないんですよね。これでは人治国家です。そうなると公務員に対する賄賂も発生するでしょう。日本って実は、公的な汚職が最も多い国と言われることがありますけど、それはさもありなんという感じです。陳情すれば何とかなる世界というか。ロケットのことで言えば、アメリカはチェックシート方式ですから、条件さえ満たせばOK、満たしていなければダメで分かりやすいです。早く日本もそうならないといけないと思います。

「失敗を上手に乗り越える」

工藤　やっぱり合理的ではないことをアップデートさせていく感覚を、学校で経験していかないといけないですよね。そして僕は、学校は失敗を乗り越える経験を積み重ねながら成長する場所であるべきだとも考えています。そのためには、失敗しても大丈夫だと安心して挑戦できる環境といつでもやり直しができる風土が大切ですよね。

植松 同感です。そこで大事なことは、ビジネスと教育を一緒にしないことだと思います。ビジネスの場合は、契約した相手がいますから、契約不履行の場合はペナルティが発生します。だから、事前に契約内容と不履行の場合のペナルティについて話し合って決め、明文化します。その常識を、教育に持ち込んでしまう人が多いです。

こうなると、教育では、失敗をしないために、何もしないことが一番になってしまいます。これでは教育は成り立ちません。僕は「学校とは安全に失敗させるところ」だと思っています。僕は関わる大学生によく「失敗の記録こそ大事だよ」と教えています。

僕の会社が宇宙開発をするようになったのは、先にも話しましたが、北海道大学の永田晴紀先生のお手伝いがきっかけでした。永田先生は僕たちが関わる前から宇宙開発を研究していたのですが、以前は関わっている学生が卒業するたびに経験したことが蓄積されず、またイチからスタートしていました。なぜそうなるかというと、学生たちは失敗したデータを消してしまっていたからです。それでは伸びません。失敗は今の方法がどんな結果をもたらしたのかという大切なデータです。それを基に、次にどういう手法にしたら良くなるか、どんな結果が得られるかを書き留めていくといいんですよね。だから最初からうまくいかないということも十分ありなんです。「失敗は発明の母」と言いますが、まさにこの失敗が起点となって改良されていくことが大事です。

そこで僕たちが関わるようになってから、失敗の記録も残し始めるようにしました。失敗から学ぶことはたくさんあると学生たちに教えていきました。そうしたら、どんどん成長し始めたんです。でも、そこで大問題発生です。新しく入ってきた学生が学ぶべきことが増えていくんです。一方で、学生の在籍期間は変わりません。対策は、教育の密度を上げるしかありませんでした。だから僕たちは、「制御された失敗」をするようになりました。なるべく手を出さないんです。でも、危険なことや、命に関わることはしないようにサポートします。学生たちは最初は何度も失敗を繰り返します。僕たちはそれを見守ります。次に「どうすればいいだろうか」と考えさせます。すると、失敗を乗り越え、考えることを繰り返していくうちに、猛烈な勢いで成長していきます。結果、その過程に関わらせてもらっている僕の会社の社員も一緒になって成長することができました。

工藤　良い話ですね。そうやって学校が失敗しても許される環境だと、やっぱり将来も失敗を怖れずに、何度もチャレンジできる大人になれますよね。だからこそ、子どもの頃から過度に失敗を恐れることがないような環境を整えないといけませんね。

それである生徒のことを思い出したのですが、ある日、ふらっと相談があると言って校長室を訪ねてきた子がいたんです。話を聞くと、その子には二つの顔があったんですね。陸上が好きでそれを頑張っている自分。その一方で友達すら知らない世界的なゲームプレーヤーという顔です。ハンドルネームで大人の強豪チームの一員として活動していたんです。彼の相談はゲームの腕を極めることもできる高校を選ぶべきか、陸上部の活動が充実した学校を選ぶべきかということでした。もしこういった、「本当はAをやりたいけれど、現実的ではないのでBを選びました。でも迷っていて……」という相談があったら、植松さんだったらどうお答えになりますか。

植松　そういう悩みを持つ人って多いですよね。日本人は、一生懸命に一つのことしかやっちゃダメと思っている人が多いのかもしれませんね。

聞いた話なのですが、宇宙飛行士になるための条件というものがあるそうです。「AとBどちらを選びますか?」と問われた時、「両方選びます」と答えられる人が宇宙飛行士になる素質のある人なのだそうです。AかBかではなくて、AもBも両方一気に選べる方法を考える人が良いということなんだと思います。AかBかどちらかを選んじゃうと、もう一つを諦めることになります。僕は、その子への質問には、宇宙飛行士の条件と同じように「どちらも選べばいいのではないか」と答えると思います。大事なのは、自分は何をしたいのか、です。若い頃やっていた音楽が忘れられなくて、会社の帰りに仲間とバンド活動をしている人がよくいます。好きな音楽を諦めることなく働いている人は、ただ何となく働いている人よりも、きっと生活に張りがあると思います。

僕も本業と同時に、いろんな学校で講演したりロケット教室をしたり、宇宙の仕事もしています。そして今は北海道の技術系専門学校や福岡の外国語専門学校でも授業をさせていただいています。やったことがないことをやると苦労しますが、新しい知恵と経験と人脈が身に付きます。

そもそも人生はいろんなことを同時並行にやっていかなければいけないものです。よくドラマなどで「仕事と家庭のどっちが大切なの？」という質問があったりしますが、どっちかを選んだらアウトです。どっちも大切なものです。両立する方法を考えたらいいです。

ですから工藤さんに質問された生徒さんへの答えをさらに正確に言うと、「人生は一つの道しかないわけではありません、一つに絞るのは危険です。できることが一つだと、簡単に誰かと比べられて優秀な方か安い方が選ばれてしまいます。でも、できることがたくさんあると直接比較されないし、いろんなことに対応できます。それは中途半端と言われるかもしれませんが、中途半端の基準はありません。ちょっとでもできた方がいいです。人生は一度しかないんだから、どんどんやったら力になりますよ」です。

興味と好奇心にブレーキは必要ないんじゃないかなと思います。

もう一つ大事なことは、何も専門家に学ばなくてもいいということです。今の学生さんはすぐに、誰かから学ぼうとしがちですが、まずは自分で調べて取り組めばいいんです。一流の料理人の中には独学で料理を極めた人がたくさんいます。全員が全員、専門学校で学んでいるわけではありません。お金を払って教えてもらわなければ何にもできないなんてこともありません。学校に行かなくなって、先生に教科書を読んでもらわなくたって、自分で学べばいいんです。それは学校に行くことを否定しているわけではないんですが、学校が全てではない、ということです。いろんなやり方があることをどうか忘れないでほしいですね。

工藤　そうですね。無理やり一つに絞り込む必要はないですよね。僕もそう思います。ちなみに、その相談をしてくれた彼は、最終的には陸上の道を選んだと聞いていますが、ただ、彼の話を聞けば聞くほど自律した生徒だなあと感心しました。一流のゲームプレイヤーの顔としての彼は、平日はほとんどゲームをやらないんですね。土日限定で活動しているんです。このゲームは一度始めたら7時間以上もかかるようなゲームだから、平日の生活リズムを崩して陸上ができなくなることはしたくないと彼は言っていました。でも、もし陸上を究めることができる高校を選ぶと、土日も部活動が入るので、しばらくはゲームができなくなることが彼の悩みでした。

高校卒業後の将来のことも考えているの？　と彼に聞いてみたら、こう答えたんです。「自分の父親は家業を営んでいるが、その仕事も父も僕は尊敬しているから、その道に進みたい」と。そんな話を聞きながら、いろいろな会話をしたんですが、最終的に僕はこう答えました。「僕に相談する必要などなかったなあ。君は大人だね。君なら後悔しない結論が出せるよ」

僕は、もし今、誰かに同じように相談を受けたら、目的を達成するために大事なことは、人の持ち時間には限りがあるので、何をやらないかを決めることも大切だとアドバイスします。1日は24時間しかないので、やらないことを自分で決めないといけません。

「エナジーバンパイアにご用心」

植松　ああ、それはとても大切ですね。自分の人生の使い方、配分は自分で決めないといけないですね。確かに、時間の使い方のコントロールは自分のものにしておいた方がいいと思います。大人の世界でもこれに似たようなことは起こっています。最近、「エナジーバンパイア」という言葉があるらしいです。その名が示す通り、まさに人の生き血を吸うと言われている「バンパイア」のような人のことです。「ああ、あの人みたいなタイプのことだな」と、顔が浮かぶ人もいるかもしれません。

そういう人は、ぱっと見は「自信満々」に見えますが、実際にはものすごく自信がない人なんだと思います。自信がないから、他者との強い関係を必要としたりします。それが面白いことに上司と部下の関係や、先輩と後輩の関係のように、「階級構造」になります。決して対等なものにはならないのが特徴です。エナジーバンパイアが必要としているのは、「自分のことを必要としてくれる自分以下の存在」です。そんなエナジーバンパイアの口癖は、

①君のため。あなたのため
②○○してあげている
③こうしないと、あなたの将来が大変なことになる

なんだそうです。これは、度を超してしまうと問題になります。こういう人は、分かりやすくパワハラやいじめをするわけではありません。やっていることや言っていることは、「確かにごもっとも」ということです。だから、文句

の言いようがないですし、それ故に状態の改善も難しいです。
そしてエナジーバンパイアは、相手の時間やスケジュールはお構いなしです。うっかりつかまると、30分でも1時間でも、実のない説教をされたりします。そしてこういう人と話をすると、ものすごく疲れます。現代社会ではだいぶパワハラやセクハラには対処できるようになってきました。しかしこのエナジーバンパイア問題に関しては、対処が難しいのが実情です。おそらく、今日こうしている間にも、「君のためを思って」と、マウントしてくる先輩や上司に、生命力を吸い取られている人がいるかもしれません。

工藤　学校の先生も全く同じですね。子どもたちの意欲を吸い取らないようにしないといけないですね。

第5章
これからの学校と社会

工藤　植松さんは、子どもの頃から宇宙に対してワクワクしていたとおっしゃってましたが、まさに今、宇宙関連事業に取り組んでいて、とても素敵です。もちろん誰もが実現できることではありませんが、こういった幼い頃からのワクワク感を学校はもっと大切にして、決して無理やり失わせることなく、子どもたちの将来にしっかり結び付けてあげたいですよね。

植松　そうですよね。僕は小さい頃から飛行機やロケットが大好きでした。でも、それを追求しようとすると、学校の先生は「できない理由」を挙げたり、「もっといい道」があるぞとしか教えてくれませんでした。中学生の時には「お前には進学は無理だから、早く就職しろ。その方がお前のためだ」とまで言われました。でも、そんな僕を支えてくれた人たちがいたんですよね。それは「やったことがある人」です。

本で読んだ、世界で最初に飛行機を作ったライト兄弟や、航空力学の基礎を作ったリリエンタール、いろんな人たちが僕を支えてくれました。リアルな大人はできない理由しか教えてくれなかったけど、本で読める伝記の大人たちは

「僕たちはこうやったよ」を教えてくれたんです。今の僕があるのは、間違いなく伝記があって、自分がやってきたことを教えてくれた人たちのおかげです。

工藤 とても素敵なお話です。横浜創英でも植松さんにご協力いただいていますが、夢の実現に向けて困難と向き合い、それを乗り越えていく大人を子どもたちが見る機会を増やしたいものです。子どもたちが夢を持つ大人と出会って、いろんな刺激をもらえるような学校にしていかなくてはと改めて思いました。

「「好き」は人生のパワーになる」

植松 最も重要なことは、「好き」は「産業」になるということなんです。趣味は新しい仕事を生み出す可能性も持っています。漫画やゲーム、映画やイラストなど、大人からみると遊んでいるように見えたり、眉をひそめるようなことに一見見えたとしても、何でも立派な仕事になるんです。実際、それで生活できている人はたくさんいます。

この本を読んでいる大人やお父さん、お母さんたちには、子どもの「好き」を、勉強の対局に位置する堕落の象徴とは考えないでほしいです。僕は学校の勉強は嫌いでしたが、飛行機やロケットを作る人になりたくて、好きなことをするために夢中で勉強をしました。

僕はいつも子どもたちに「どうか『好き』を誰かに奪われないでね。好きなことは君の人生のパワーになるからね」と話しています。「好き」は人それぞれで、それが個性なんですよね。

人間はさまざまな個性を持って生まれてきます。車で例えるならば、トラックとして生まれてくる子もいれば、油圧ショベルで生まれてくる子もいます。フォークリフトやスポーツカーもいるでしょう。生まれた時は大人たちから「誕生してくれてありがとう」と言われ、少し成長したら「笑った！　話した！　歩いた！」と、大人たちに喜ばれます。6歳になればランドセルを買ってもらい、小学校に入学します。しかし、その門をくぐった途端、いきなりサーキットが広がっているんです。そして、「サーキットをぐるぐる走れ」と言われます。スポーツカーで生まれた子はラッキーですが、たまたま油圧ショベルで生まれた子は頑張ってもスピードは時速10キロぐらいしか出ませんから大変です。だから自分の持ち味であるショベルやキャタピラーを外し、何とか奮闘するわけですが、いくら頑張ってもスポーツカーには勝てません。その結果、そのうち勝負を挑むことを諦めるようになります。個性が潰されてしまうわけです。

これが学校というところが与える「限定された評価基準での競争」という価値観です。

大人は「勝てば自信が増える」と思っています。でも、誰かが勝つということは一方で誰かが負けているということです。そのことから目を背けてはいけないんです。なぜかというと、比べて手に入った自信というものは「優越感」でしかないからです。「優越感」のすぐそばには「劣等感」があります。「優越感」を大きくすればするほど、「劣等感」も大きくなっていくだけです。社会に出てみればサーキットなんてものはありません。実は社会の方が、人それぞれの持ち味を生かし、活躍できる場所がいっぱいあります。だからこそ、大人は子どもの「個性」と「夢」を奪わないでくださいと声を大にして言いたいです。

工藤　本当にその通りだと思います。

僕は、日本の学校改革は二つのことをしないといけないと考えています。まず、第一に、子どもの主体性を奪わないことです。この世に生まれた子たちは、障害があってもなくても、どんな子もみんなそもそも主体的だったはずです。それがいつの間にか、大人たちによって主体性を奪い取られてしまいます。小学校段階ですでに「うちの子、言われないと自分で何もやろうとしないんです」なんて声が聞かれるようになってしまっています。主体性を奪う働き掛けはすでに幼児教育の段階から始まっています。もし幼児教育を大切にするなら、子どもの主体性を奪わないで伸ばしていかないといけません。それを幼児教育から初等中等教育、高等教育へとつなげていく。これが一つです。

もう一つは、すでに主体性を失ってしまった子どもたちに、もう一度、主体性を取り戻すことです。僕はそのことを「リハビリ」と説明していますが、リハビリには手間と時間がかかります。僕が親しくしている、映画「みんなの学校」でも有名な大阪市立大空小学校の初代校長、木村泰子さんは、「小1のリハビリには約1カ月が必要」と言ってました。千代田区立麹町中と横浜創英中の僕の経験では、中1のリハビリにはおよそ1年かかります。高校生については、明蓬館高等学校の日野公三理事長によれば、子どもたちが自ら学ぶ力をつけるには3年かかるそうです。つまり、「リハビリ」を始める時が遅くなればなるほど、時間がかかるわけです。

さらに言えば、僕は仕事柄、企業の方との付き合いもあるので、企業の方からもいろんな話を聞きます。起業家を輩出している某有名企業では、優秀な人材を採用したつもりでも仕事を受け身ではなく、自分事として進めていくには5年かかると話していました。起業家がたくさん出てくるような優秀な人材を採用している会社でもそうなのかと驚きました。このことを重く受け止めなくてはいけません。

この二つを同時並行で行うことで、日本の教育、ひいては社会が確実に変わります。そのためにも、まずは学校をアップデートしていかなくてはなりません。

「学校で何をどう学ぶのかをアップデートしていく」

工藤　もしかすると、これからお話しすることは「夢物語」のように聞こえるかもしれません。僕らは、今、こんな風に教育を変えたいと考えています。少し具体的すぎるかもしれませんが、例えば、国語という教科は、情報の伝達やコミュニケーションを重視することよりも、今は「学問」になってしまっています。本来、国語では他者や社会とのコミュニケーションツールとしての役割を重視すべきで、相手に伝わる言葉を考えたり、自分の考えていることをどうプレゼンテーションするかという伝える力を鍛えていくべきだと考えています。特に持続可能で民主的な社会を築いていくためには、多様性の中で対話を通して合意点を見つけることのできるディスカッションの力も大切です。あふれる情報をどう吟味していくかというメディアリテラシーといった内容も大切です。もちろん、古文や漢文といった科目で自国や外国の文化を学ぶことにも意味がありますが、あえて全員必修にすべきものとは考えていません。

音楽や美術も同様で、学問という色合いを可能な限り消し去り、人生を豊かにするもの、多くの人々を幸せにするもの、ひいては社会を創造するものという目的を重視したいと思っています。例えば、保護者をはじめ、地域や世の中の多くの人々を対象とした一大イベントを設けて、年間を通してそのイベントに向けてSTEAM教育のような学びを実現できたらと考えています。生徒たちはイベント企画運営やウェブによる広報、その他、バンドを作って演奏したいとか、会場設営のためのデザインをやりたいとか、ミュージカルの演出とか、それぞれ主体的に設定した目標の実現に向けて、チームで取り組んでいくのです。この過程で、生徒たちは現代の最新の知識や技術を学ぶ必要が出てくるでしょうから、僕ら教員は、企業や民間のさまざまな専門家の方々につないであげながら、最新の知見や技術を生徒たちと共に学んでいくのです。

理科や社会は基本的には科学的思考を学ぶ教科です。理科であれば、自然科学の観点から、このような事象はなぜ起こるのかと仮説を立てて、実験観察で検証していきますよね。社会なら、歴史上の事象についてなぜそのようなことが起こったのかを、仮説を立てて資料とかデータで検証していく作業をすることができます。なぜ日本は第二次世界大戦にあんな形で入っていってしまったんだろうというテーマを設定するとしたら、A班はその時の経済状態を調べて、仮説を立て検証した成果を発表する。また、B班は当時のポイントとなった報道によって世論がどのように形成されていったかについて仮説を立てて検証した成果を発表する。その後、全員でディスカッションし深掘りしていくというような授業が毎時間のように繰り広げられる。そんな姿も実現したいですね。

今、僕らが実現したいと話してるのは、全ての教科の最も重要な目的・目標を重視し、ベースは生徒主体で学びを追求していきながら、それぞれの子どもたちにとって個別最適な学習を身につけさせていくことです。そのためには、可能な限り、例えば学年を柔軟に横断して学べる仕組みも実現したいと考えています。

僕らは学習指導要領の各教科・科目のねらいを実現するところから教育課程や授業を考えるのではなくて、体験的で実学的な学びが、学習指導指導要領上ではどんな意味があり、どう位置付けることができるのかと逆の方向から考えていきたいと思っています。その結果として学校での学びが生徒たちの未来のキャリア形成に大きな影響を与えられたら最高だなあと考えているところです。

植松　いやあ、とても素晴らしいですね。

工藤　こうした学びの姿は、見た目は、一見、バラバラの作業になりますから、古い教育観からすれば統率が取れていないように見えるかもしれません。しかし大切なことは、全てを子どもたち主体で、自ら考えて判断し、学び取る環境にしていくことです。

こういう授業を展開するとなると、必ず「大学受験はどうするのか」と教員や保護者から心配の声が上がってくるのが一般的ですが、これについては、生徒自身が自らに必要な環境を考えて選び取ることが重要ですから、結果として、受験対応にもなる知識が学べる特別講座などを用意しておけばよいと思っています。それは動画で勉強してもいいですし、いずれにしても、自律型の学習スタイルにしようと思っています。そもそも、遅かれ早かれ、少子化がこの先続くわけですから、今のような大学入試の形はなくなると思うんです。でも、今は残念ながら、実質的な高校と大学の連携・接続ができていないから、これまでのような大学の一般入試にも対応する仕組みをとりあえずは残しながらソフトランディングさせることも必要かと思います。

僕たちは私学の利点を生かし、思い切った取り組みをしていけますが、現在、うちと一緒にやりたいと声を掛けてくれている自治体もあり、公立校でも横浜創英と同じことができるモデル校を作れたら最高です。これができれば、新しいモデルを日本中に広めていくことだって可能です。

植松　それができたら、本当に自分で考えて行動できる、立派な大人が増えますよね。横浜創英と同じことをする学校がもっと増えると希望が持てますね。

工藤　横浜創英では今、およそ10校の大学と連携協定を結んでいますが、2年後までには20程度の大学と連携したいと思っています。そして、それらの大学の授業を高校のうちから学べる仕組みを作ろうと思っています。具体的な連携の方法の前にちょっと専門的な話をしておきたいと思います。
まず、高校で卒業までに取得すべき単位数は、文部科学省が定めた学習指導要領では74単位と定められているんですね。でも実際は日本中の多くの高校で100単位ぐらいの単位を習得しなければならないようになっているんです。
週あたりのコマで考えてみると、月曜日から金曜日まで1日6コマ（時間）

だったら、これで6×5の30コマです、さらに土曜日に3コマで計33コマ、つまり年間では33単位と置き換えてあげればよい。3年間分はこれを3倍して99単位ということになるわけです。まあ、どの学校も生徒たちにあれもこれもたくさん教えたいんですよ。生徒の立場から言うと学ばなければならない時間がとにかく多く、教員の立場から言えば教える時間が多い。つまり、働き方改革の視点から見ても非常に非効率だと言うことです。僕らはこれを最小の74単位にしますから、3年間でおよそ25単位のマイナスということです。

必履修科目以外の科目については、生徒たちが自由に選べるようにすることで、生徒たちは3年間のカリキュラムに空き時間を作ることだってできるし、2年生までにおよそ60単位ほど取得してしまえば、3年生では残り14単位ほどしかなくなるわけです。つまり、高校3年になると、計算上ですが、毎日2時間程度で終わります。この2時間を、今大学と協定を結んでいるので、大学で学んでもいいという時間にすることができます。そして大学で学んできたことを高校で単位として認める学校設定科目にすることができれば、実質、高校3

年生は本当に自分が学びたいことを選択して生徒主体で学べることになる。大学入試に特化して、行きたい大学の一般入試に関連した勉強をしてもいいし、自分の好きなことをオンラインで学んだり、大学の側でも高校生を受け入れてくれるところが増えていますから、高校生でありながら、実際に大学に行って学んだりすることもできます。

植松 とてもいいですね。人生は前倒しした方が早いですからね。前倒しできるチャンスと時間を作ってあげなきゃですね。

「本当の個別最適化を実現する」

工藤 そうですね。実際に、いろんな子がいるんです。例えば、英検1級を持っている子が中学に入学してきたら、その子は、中学1年にして、すでに日本中の多くの英語の先生と同じくらいのレベルで英語ができるんですよ。もしそうならばその子の英語にかかる授業時間を探究とか、別のことに振り分けてあげたいですよね。そういうことを英検1級を持っている子だけではなくて、全ての子どもたちが、いろんな長所や特性を持っているわけですから、まさに「個別最適化」なのですが、一人ひとりに合った時間割をできるだけバラバラで作れるようにしたいと思っています。そこでは学び方や学ぶ場所も選択できるようにします。

しかも、これは考え方を変えるだけのことですから、結果として時間も経費も抑えることが可能です。子どもの学ぶ時間が減って、成績も上がる、実学的な学びをして、これまでの大学受験にも対応できる、本当に必要な学びができるんです。そして、教員が教える時間も減ります。いいことばかりということです。

植松　かなり効率が良くなりますね。

工藤　はい。でも残念ながら、今の日本の学校教育はあらゆる点でずれています。例えば文部科学省が進めようとしている「個別最適化」ですが、それ自体は望ましい方向にあるわけですが、多くの学校では個別最適化の中身を教員が作ろうとしています。「個別最適化」は試行錯誤の中で子ども自身が決めていくことですよね。

もし、個別最適化な環境を作ろうと、生徒の習熟度に合わせてより丁寧に対応していくのであれば、当然、人もお金も時間もかかります。しかし、それではますます子どもたちの自律性が削がれていくことになります。そしてより一層自ら学ばない子どもたちを相手にすることになる大人は、子どもにますます手をかけなければならないという悪循環に陥ることになるわけです。

そもそも教育は、子どもが自律するためにあって、そのための学校という環境づくりをするのが僕たち大人の役割です。

今の日本の子どもたちは「それ習ってないんですけど」「これ聞いてないんで

す」「指示されていません」と平気で言いますね。でも、これって今の若者たちの姿、もしかしたら大人たちの姿かもしれません。まずは学校からこの構図を変えていかなければいけませんね。

植松　僕はその学校の後ろ側をやりたいなと思っていて、日本だと、大学とかに進学して社会に出た後にやり直しをしようと思っても、なかなかできないんですよね。今、協力企業をどんどん増やしているんですけど、企業の人に先生になってもらって、校舎は作らないで、企業の空き部屋を利用して学びたいことがある人が、3カ月ぐらいで必要な技術を身につけられる仕組みを作ろうと思っています。

工藤　いいですね。学校に行った後でも、またさらにもっと勉強できるような環境を用意してあげたいですよね。学校が世の中とシームレスになって、学年も何も関係なく、いつでもやり直しができるのは素敵なことです。われわれが今考えている学校の仕組みが進んでいけば、いずれ飛び級もできるようになると思います。逆にゆっくり学びたいなら、留年といわないまでも弾力的な対応ができるようにしたい。それも、個人の教科レベルで飛び級ができたりするようになれば、学校の中に多様な社会が作れるし、カリキュラムがコンパクトになってくる。そうすれば、学校以外で学ぶ時間が増えるわけですよね。

そもそも、学習指導要領は、もっとコンパクトにする必要があると思うんです。今、高校は卒業までに必要な最低単位数は先ほどお話ししたように74単位ですが、もっとミニマムにしてあげれば、その空いた時間で生徒たちは自分の好きなことに取り組めます。例えば、空き教室や施設に、民間企業とか非営利団体が入って、学校以外の人たちともつながりながら、何か新しい試みができるかもしれません。

今、少子化を見越して、民間教育産業も生き残りをかけて、さまざまな取り組みをしています。その中には小さい規模でも、地元に根付いて長らく不登校の子どもたちの面倒をみてきたところや、丁寧に子どもたちと向き合ってきた塾などがありますが、こうした民間教育産業が、少子化で今後潰れていってしまうかもしれないから、そこで頑張ってきた人たちのノウハウも活かせる形で、学校と連携できる仕組みが作れないかとも考えています。これまでのように、公教育と民間教育という分け方ではなくて、一つの時間、一つの施設をみんなで上手に使って、そこでお金が生み出されるような持続可能な仕組みを作ることをやらないといけないと思うんです。これは、本当は政治の課題なのかもしれないけど、みんなのアイデアでこうした仕組みを作っていく時に、もし、法的な規制が妨げになっているのであれば、それを改めていくことも必要ですよね。

「教育こそが社会を変える一番の近道」

工藤　さて。ここまでたくさんお話をいただいてきましたが、最後に、植松さんからぜひ、子どもと向き合う大人たちにメッセージを伝えていただきたいのですが、お願いできますか。

植松 そうですね。こんなことを思っています。社会は変わりました。これからもっと大きく変わります。僕たちは古い社会の常識を普通なものとして学んできました。でもそれは今の子どもたちが生きる「これからの世界」では通用しない可能性があります。大人たちが理解できる範囲内に子どもを押しとどめてしまったら、それを強いられた子どもたちは間違いなく、大人世代が達成できたこと以上のところへは行けません。それを何世代も繰り返していったら、日本はあっという間に、ものすごい勢いで衰退していきます。

ここまで話し合ってきた通り、人が増えている時代は、今まで通りのやり方でやってきても、そのリスクがあまり表面に出てこないで、分からなかったかもしれませんが、これからはどんどん人口が減っていきます。そこでは、いろんな不具合が出てきます。だからこそ、大人が子どもたちを管理するのではなくて、子どもたちを押し上げる存在でないといけないということを本当に忘れないでほしいなと思います。一昔前はスマホもW-i-F-iもネットフリックスも、自動運転で動く車もありませんでした。しかしあっという間にテクノロジーが発達し、いろんなことが実現できるようになりました。去年できなかったことが、今年はできるようになるかもしれません。だから子どもたちがやろうとしていることを、自分の過去の経験で押しとどめないでほしいです。むしろ、一緒になってどうやったら実現できるかなと考えてほしいです。どうか大人こそ、子どもたちよりも先に未来を見てほしいなと思います。

工藤　そうですよね。われわれ大人も成長しなければ、決して良い社会を作ることはできないですよね。世の中がより良い社会に成長していくために最も早い方法は、北欧などの経験に学ぶとすれば、子どもたちへの教育こそが社会を変える近道です。大人が変わるのは大変です。特にわれわれ日本で育った大人たちは強い同調圧力の社会を生きていますから、対立そのものを嫌がります。上位概念で合意するという民主的な対話の方法を学んでいませんし、子どもの頃から「思いやりの心を持て」と育てられてきましたから、おのずと人間関係を優先しがちです。もちろん「人の心」を大事にすることは非常に大切なことですし、日本文化として誇るべきことなのだとは思いますが、本当に僕たちは社会に対して心優しく生きているとはいえないように感じています。横浜創英の教育にもご支援いただいている演出家の鴻上尚史さんは、「日本人は世間で生きていて、社会で生きていない」と言います。僕も同感です。同調圧力の強い日本社会では、身近な人間関係を社会よりも優先しがちです。でも、それではダメですよね。

今の日本社会には解決しなくてはいけない課題が山ほどあります。われわれ大人たちが「世間」の論理で生活していては、これらを解決することはできません。社会にある根本的な問題を理解し、一人ひとりが当事者として、粘り強く対話し、一つひとつ上位概念で合意していくプロセスが必要です。この課題を解決するためには必ず痛みを伴う人々が出てきます。全ての人々にその覚悟が必要です。

そのために学校教育は、心の教育といった、同調圧力の教育から民主的な対話を大切にした持続可能な社会を実現するための教育へ転換しなくてはなりません。

子どもたちが変わることができれば、時代とともに社会はおのずと変わります。社会を自分事として考え、実践できる大人たちで埋め尽くされる日は必ず来ると確信しています。

僕が工藤先生と出会えたのは、滋賀県で……というか、全国で活躍している、NPO法人くさつ未来プロジェクトという育児サークルの皆さんのおかげです。この場を借りて、心から感謝します。

工藤先生のことはテレビ放送で知っていました。すごいことをする人がいるもんだなあと思っていましたが、そんな憧れの人とこうして対談本を出すことができて、本当に嬉しいです。

今では工藤先生とは、年に数回、一緒に食事をできるようになりました。時間を作っていただけて本当に嬉しいです。毎回ビックリするのは、工藤先生の周りにいる人たちの素晴らしさと、工藤先生が会うたびに「前進」していることです。常に未来の話で盛り上がります。それは本当に刺激的で心地良い時間です。

社会は思うようにはいきません。人間の力はわずかです。だからこそ、何をやっても壁にぶつかります。でもそれは「失敗」ではありません。壁にぶつかったって、ぶつかった自分を責める必要はないです。大事なのは「だったらこうしてみたら？」と、違う道を探すことです。

工藤先生は動きます。納得いかないことを「より良く」しようとします。だから壁にぶつかります。そこで工藤先生はさまざまな方法の手を試します。そうやってしぶとく前に進んでいきます。工藤先生は壁にぶつかることを当然だと思っているかのように見えます。かっこいいです。

そんな工藤先生の学校の子たちはものすごく自然です。自由でバラバラの個人主義に見えるのに、対話と合意形成を身に付けているので、瞬時に最適な解を見いだして行動します。あの子たちを「従来の教育」で「ちゃんと」させようとするのは不可能な気がします。彼らは従来型の封建主義的上下関係が強い会社とは相性が悪いでしょう。彼らは新しい時代の社会を形成する人たちだと思います。そういう教育……教育って言うのかな？　が、育ってきていることに希望を感じます。

本文でも取り上げていますが、日本はものすごく長い間、人が増える経験しかしていません。ですから、日本の普通や常識は、人が増えている社会で形成されたものがほとんどです。特に明治維新の後の日本の人口の増え方はすごいです。それこそが日本の成長の原動力になったと思います。そして今、日本の人口はものすごい勢いで減っています。残念ながら、都会には地方からの人口が流入しているので、都会に住む人たちは人口減少の実感がないようです。

僕は、北海道の「旧産炭地」と呼ばれる地域で生まれ育ちました。だから急激な人口減少を身をもって経験しています。そして、今の日本の人口減少は流入流出ではなく自然減です。この自然減による人口減少には特効薬も奇跡もなく、何十年も前から予測できたことです。今、各自治体が人口減少を大きな問題として取り上げていますが、なんてことはない、ずーっと前から予測できていたことに、有効な対策をしてこれなかっただけのことです。

僕は会社を経営しています。給料を払っています。その給料がどう使われているのかもおおよそ把握しています。ほとんどが「家のローン」と「教育費」です。今では子どもを1人大学に行かせようと思うと、約1千万円かかると言われています。生涯年収から計算したら、自分が面倒を見ることができる子どもの数は知れています。いくら出産の費用を補助しても、その後の出費を考えたら、子どもを産むことは容易ではないです。

また、時代は進歩しています。おそらく、縄文時代に生まれた子も、江戸時代に生まれた子も、今、生まれた子も、生まれた時は同じ存在です。でも、社会人になるまでに知るべき知識の量は尋常ではなく増えています。でも子どもである期間は変わっていません。単純に考えたら、学ぶことが増えているのだから、学ぶためにかかる費用も時間も増えます。でもそれが「負担」になって、子どもを産む数が減って、社会が衰退しているのだとしたら……。

僕は対策があるなら、それは教育の効率を上げることだと思っています。より投資に対する効果の大きい教育をしていくしかないと思います。より短時間で、より安価に、より高度な能力を身に付けられる教育が必要です。理解はできるけど、そんなの無理だと思う人もいるかもしれませんが、できない理由を考えた瞬間にできなくなるだけです。どうやったらできるかを考えて試していくことが大事です。今の科学技術の発達は、それを可能にする力です。

でも、日本の教育は科学の発達と相性が悪い感じがします。というより、科学の発達による便利を「怠慢」「ずる」と考えている人が多い気がします。でも、子どもたちが出ていく社会は猛烈に発展しています。それを知らない先生が多いのは残念です。

先生という仕事は毎年多くの生徒と関われます。その保護者とも関われます。それはすごく幅広い人脈です。本当は先生という仕事は、ものすごく世間を知ることができる仕事だと思います。

実際、そうしている先生もたくさんいます。でも、中には「忙しくてそれどころじゃない」と言う人もいます。だったら、忙しくなくする工夫をしたらいいと思います。みんなが声を上げれば、民主主義の国ですから、改善されるはずです。

「どーせ変わんねーよ」と諦めてしまったら、子どもたちもまた、人生の問題解決をあきらめる人になってしまいます。先生という仕事の影響力は大きいです。

僕は工藤先生が目指している教育の仕方が、わが意を得たり！　と思います。実際、僕はロケット教室をする時は、最初に「作り方は教えないから頑張ってね」からスタートします。「分からなかったら調べればいいんだよ。そして、分かったことは困ってる子に教えてあげてね」と言うだけで、後はほっぽらかしです。僕らは「安全な進行」に集中できます。でもそれでたったの1時間で全員のロケットが完成します。これが、手順を教えながら、全員を同じように進めようと思ったら、3倍くらいの時間がかかってしまいます。

しかも、完成した後の「自分でやった感」「自分でできた感」がまるで違います。これがまた大きな違いを生みます。完成したロケットを打ち上げる時、自分でやった感があるほどに、「自分のは、きっと失敗する。ダメかもしれない」という気持ちが強くなります。でも、だからこそ、打ち上げた時の喜びが大きくなります。これが、やらされ感でいっぱいのロケットだと、作るのも打ち上げるのも面倒です。打ち上がっても嬉しくないです。

たかがロケット教室ですが、進め方一つで、影響力がまるで違います。それが、毎年1万人以上の修学旅行生が植松電機に来てくれる理由なのだと思います。

この違いは、おそらく普通の教育でも生じています。「自分でやったのか」「やらされたのか」は、その後の人生においても大きな違いを生むのだと思います。

今の子どもたちは、ぼくら大人よりはるかに頭がいいです。だって、小さい時から触れている情報の桁が違います。そして彼らを取り巻く科学はどんどん発達しています。だからこそ、これからは、僕ら大人が自分の常識の範囲内で子どもを制限してはいけません。そんなことしたら、社会は衰退しかしないです。これからは、僕ら大人は子どもたちをいかに支えるかが重要です。

この本を手に取ってくださった方々は仲間です。これからも共に頑張っていきましょう！

植松　努

【著者】

工藤 勇一（くどう・ゆういち）
横浜創英中学・高等学校長／元東京都千代田区立麹町中学校長

1960年山形県鶴岡市生まれ。東京理科大学理学部応用数学科卒。山形県中学校教諭、東京都中学校教諭、目黒区教委、新宿区教委教育指導課長等を経て2014年4月より2020年3月末まで千代田区立麹町中学校長。2020年4月より現職。横浜創英中高では、2025年4月からの生徒主体の学びの大転換に向けて、学校改革を着実に進めている。公職として、内閣官房教育再生実行会議委員（2018年8月〜2021年8月）、内閣府規制改革推進会議専門委員（2021年8月〜）、経済産業省産業構造審議会臨時委員（2021年6月〜）。初の著書『学校の「当たり前」をやめた。』（時事通信社）は10万部を超えるベストセラー。著書に『子どもたちに民主主義を教えよう』（あさま社）など多数。

植松 努（うえまつ・つとむ）
株式会社植松電機　代表取締役
継続型就労支援A型作業所　株式会社UniZone　代表取締役

1966年北海道芦別市生まれ。小さい頃から紙飛行機が大好きで、大学で流体力学を専攻。名古屋の航空宇宙産業で働いたのち北海道に戻り、リサイクル用バッテリー式マグネットを開発。株式会社植松電機を起業。北海道大学でロケットエンジンの研究をしていた永田先生との出会いをきっかけに、現在はさまざまな宇宙開発にかかわり、全国の大学生や研究者を技術的にサポートしている。また、人の自信と可能性を奪われない社会を目指して、全国の学校での講演やロケット教室も行っている。

社会を変える学校、学校を変える社会

2024年3月25日　初版発行

著　者：工藤 勇一・植松 努
発行者：花野井 道郎
発行所：株式会社時事通信出版局
発　売：株式会社時事通信社
〒104-8178　東京都中央区銀座5-15-8
電話03（5565）2155　https://bookpub.jiji.com/

ブックデザイン　小口 翔平＋畑中 茜＋後藤 司（tobufune）
編集協力　安田 ナナ
カバー写真　榊 智朗
本文DTP　一企画
校　正　溝口 恵子
印刷・製本　中央精版印刷株式会社
編　集　坂本 建一郎

ISBN978-4-7887-1866-1 C0037 Printed in Japan